Curso
MAD360

La diferencia entre aprobar
y sacar plaza

AF276593

Pinche

SERVICIO ARAGONÉS DE SALUD

Si aún no dispones de tu **Curso MAD360**, te ofrecemos un acceso GRATIS de 30 días para que disfrutes de los siguientes recursos:

- Técnicas de Memoria 360.
- MADTEST: Test *online* Nivel PRO.
- Temario en formato digital.
- Vídeos.
- Esquemas.
- Planificación de estudio.
- Foro entre opositores hasta la fecha del examen.*
- Recursos y novedades exclusivas.
- Consulta sobre la oposición y el proceso selectivo.
- Actualizaciones legislativas (Boletines Oficiales) hasta 60 días antes de la fecha del examen.*

Para acceder a esta prueba del Curso MAD360** será necesaria la compra de todos los libros para esta especialidad de la edición 2025.

Regístrate en **mad.es/iniciar-sesion** y en la pestaña BIBLIOTECA valida los códigos que encuentras en la última página de tus libros.

NOTA IMPORTANTE:

* Examen de esta categoría profesional correspondiente a la convocatoria publicada en el BOA n.º 17, de 27 de enero de 2025, o hasta el 31 de marzo de 2026, lo que se cumpla antes, y previa renovación del servicio.

** El acceso al CURSO MAD360 estará disponible desde marzo de 2025 (algunos recursos podrían estar disponibles en fecha posterior). Tendrá una duración de 30 días RENOVABLES mediante pago, desde la validación de códigos, o hasta el 30 de septiembre de 2026, lo que se cumpla antes.

MAD se reserva el derecho a ampliar dichas fechas.

Pinche
del Servicio Aragonés de Salud

Marzo 2025

Pinche
del Servicio Aragonés de Salud

Test del temario

Autores

ANA MARÍA SERRANO BÁRCENA
Licenciada en Biología

MARTA GONZÁLEZ CABALLERO
Diplomada en Dietética y Nutrición Humana
Formadora Ocupacional

ENCARNA ROJO FRANCO
Autora de libros de texto: Oposiciones y Certificados de Profesionalidad
Profesora de Derecho Público

JOSÉ LUIS GARRIDO VELA
Licenciado en Derecho

© 7 Editores Recursos para la Cualificación Profesional y el Empleo, S.L. (7 Editores)
© Las autoras
Primera edición, marzo 2025 (152 páginas)
Derechos de edición reservados a favor de 7 Editores
IMPRESO EN ESPAÑA
Diseño Portada: 7 Editores
Edita: 7 Editores
Avda. San Francisco Javier, 9 · Edificio Sevilla 2 · Planta 11 · Módulos 25-27 · 41018 Sevilla
Teléfono: 954 784 411 · WEB: www.mad.es · e-mail: administracion@7editores.com
ISBN: 978-84-142-9292-1
© "Editorial Mad" y "Eduforma" son nombres comerciales registrados de
7 Editores Recursos para la Cualificación Profesional y el Empleo, S.L.

Índice

TEST MATERIA ESPECÍFICA

Materia Común

TEST N.º 1

La Constitución Española de 1978: Principios fundamentales. Derechos y deberes fundamentales de los ciudadanos. La protección a la salud en la Constitución. La Corona. Las Cortes Generales. El Gobierno de la Nación. El Poder Judicial

1. ¿En qué se fundamenta la Constitución Española?

a) En un Estado social y democrático de Derecho.
b) En la indisoluble unidad de la Nación española.
c) En la independencia de los poderes del Estado.
d) En la organización territorial del Estado.

2. Según el artículo 3 de la CE, el castellano es la lengua oficial del Estado y todos los españoles:

a) Tienen el deber de usar y el derecho de conocer el castellano.
b) Tienen el derecho y el deber de conocer el castellano.
c) Tienen el deber de conocer y el derecho de usar el castellano.
d) Tienen el derecho de conocer y usar el castellano.

3. La Constitución Española reconoce y garantiza el derecho a la autonomía:

a) De las nacionalidades que la integran.
b) De las regiones que la integran.
c) De las Comunidades Autónomas que la integran.
d) De las nacionalidades y regiones que la integran.

4. El Preámbulo de la Constitución:

a) Tiene en sí carácter de norma jurídica.
b) Es una declaración de intenciones, destinada a interpretar lo que se quiere alcanzar con el contenido normativo de la Constitución.
c) Se trata de un texto sin fuerza jurídica de obligar.
d) Las respuestas b) y c) son correctas.

5. Dispone la Carta Magna que todos contribuirán al sostenimiento de los gastos públicos de acuerdo con su capacidad económica mediante un sistema tributario justo inspirado en los principios de:

a) Legalidad y equidad.
b) Igualdad y progresividad.
c) Publicidad y legalidad.
d) Eficacia y sostenibilidad.

6. ¿En qué parte de la Carta Magna se establece la exposición de motivos que impulsan la norma constitucional y los objetivos que con ella se pretenden alcanzar?

a) En el Título Preliminar.
b) En el Preámbulo.
c) En el Título I.
d) En el Título II.

7. La Constitución Española fue sancionada por:

a) El Rey.
b) El Presidente del Congreso.
c) Las Cortes Generales.
d) El Presidente del Gobierno.

8. ¿Cuáles de los siguientes españoles de origen pueden ser privados de su nacionalidad?

a) Exclusivamente los miembros de grupos terroristas.
b) Los miembros de grupos terroristas y los que atenten contra el Rey u otro miembro de la Casa Real.
c) Los que atenten contra un miembro de la Familia Real o del Gobierno de la Nación.
d) Ningún español de origen podrá ser privado de su nacionalidad.

9. Según la CE son fundamentos del orden político y la paz social:

a) La dignidad de la persona, los derechos violables que les son inherentes y el respeto a la ley.
b) La dignidad de la persona, el desarrollo limitado de la personalidad y el respeto a la ley.
c) El respeto a la ley, a los reglamentos administrativos y demás disposiciones legales.
d) La dignidad de la persona, los derechos inviolables que le son inherentes, el libre desarrollo de su personalidad, el respeto a la ley y a los derechos de los demás.

10. ¿Cuál de los siguientes es considerado por la CE como uno de los valores superiores del ordenamiento jurídico?

a) La jerarquía normativa.
b) El pluralismo político.
c) La publicidad normativa.
d) La equidad.

11. La forma política del Estado español es:

a) Democracia parlamentaria.
b) Gobierno parlamentario.
c) Monarquía parlamentaria.
d) República democrática.

12. ¿Cuántos Senadores corresponderán a Menorca?

a) 1.
b) 2.
c) 3.
d) 4.

13. Según la CE, la soberanía nacional:

a) Corresponde a las Cortes Generales, al estar compuestas por los representantes del pueblo.
b) Corresponde al Rey.
c) Reside en el pueblo español.
d) Corresponde al Gobierno de la Nación elegido directamente por el pueblo.

14. El derecho a la propiedad en nuestra Constitución es un Derecho:

a) Inherente a la condición humana.
b) Absoluto.
c) Limitado por la función social de la misma.
d) Ninguna de las respuestas anteriores es correcta.

15. ¿En qué parte de la Carta Magna se señalan los valores superiores del ordenamiento jurídico?

a) En el Preámbulo.
b) En el Título Preliminar.
c) En el Título I.
d) Ninguna respuesta es correcta.

16. ¿Cuál de las siguientes es una de las características de nuestra Constitución de 1978?

a) Consensuada.
b) Corta.
c) Conservadora.
d) Originalidad.

17. El Gobierno de la Nación, en relación con los Presupuestos Generales del Estado:

a) Los aprueba.
b) Los convalida.
c) Aprueba su Proyecto de Ley.
d) Los ratifica.

18. ¿Qué quedará excluido de extradición?

a) Los delitos criminales.
b) Los delitos políticos.
c) Los actos de terrorismo.
d) Ninguno.

19. ¿Qué debe ser democrático, a tenor de lo dispuesto en la Constitución Española, en los sindicatos de trabajadores y las asociaciones empresariales?

a) Su funcionamiento.
b) Su estructura interna.
c) Su funcionamiento y estructura interna.
d) Sus órganos asamblearios.

20. ¿De cuántos Capítulos consta el Título I de la CE de 1978?

a) De tres.
b) De cinco.
c) De dos.
d) De cuatro.

En MADTEST tienes **más preguntas de este tema** y todos tus avances quedan registrados y se reflejan en el ranking.

¡Supera tus límites con MADTEST!

Solución al test n.º 1

1. b) En la indisoluble unidad de la Nación española.

2. c) Tienen el deber de conocer y el derecho de usar el castellano.

3. d) De las nacionalidades y regiones que la integran.

4. d) Las respuestas b) y c) son correctas.

5. b) Igualdad y progresividad.

6. b) En el Preámbulo.

7. a) El Rey.

8. d) Ningún español de origen podrá ser privado de su nacionalidad.

9. d) La dignidad de la persona, los derechos inviolables que le son inherentes, el libre desarrollo de su personalidad, el respeto a la ley y a los derechos de los demás.

10. b) El pluralismo político.

11. c) Monarquía parlamentaria.

12. a) 1.

13. c) Reside en el pueblo español.

14. c) Limitado por la función social de la misma.

15. b) En el Título Preliminar.

16. a) Consensuada.

17. c) Aprueba su Proyecto de Ley.

18. b) Los delitos políticos.

19. c) Su funcionamiento y estructura interna:

20. b) De cinco.

TEST N.º 2

El Estatuto de Autonomía en Aragón. Principios informadores. Estructura y contenido. La organización institucional de la Comunidad Autónoma. Las Cortes y el Justicia de Aragón. Las competencias de la Comunidad de Aragón con especial referencia a las relativas a sanidad

1. Los poderes de la Comunidad Autónoma de Aragón emanan:

a) Del pueblo Aragonés y del Español.
b) Del Pueblo Aragonés y del Estatuto de Autonomía.
c) Del pueblo Aragonés y de la Constitución.
d) De la Nación Aragonesa.

2. La Constitución define los Estatutos de Autonomía como:

a) La norma fundamental de la Comunidad Autónoma.
b) La norma Institucional básica de cada Comunidad Autónoma que el Estado reconoce y ampara como parte integrante de su Ordenamiento Jurídico.
c) La norma Institucional básica de cada Comunidad Autónoma de su Ordenamiento Jurídico Especifico.
d) La norma fundamental de cada Comunidad Autónoma amparada por el Estado.

3. ¿Qué rango normativo tiene el Estatuto de Autonomía de Aragón?

a) Ley Orgánica.
b) Ley de Bases.
c) Ley.
d) Decreto-Ley.

4 ¿Cómo se define a Aragón en el Estatuto de Autonomía?

a) Nacionalidad.
b) Nación.
c) Nacionalidad Histórica.
d) Realidad nacional.

5. ¿Quiénes gozan de la condición política de aragoneses?

a) Los ciudadanos españoles.

b) Los ciudadanos españoles que tengan la vecindad administrativa en cualquier de los municipios de Aragón o cumplan los requisitos que la legislación pueda establecer.

c) Todos aquellos que tengan vecindad en cualquiera de los municipios de Aragón.

d) Los ciudadanos españoles que tengan vecindad administrativa en cualquier de los municipios de Aragón.

6. Según el Estatuto de Autonomía, los derechos y libertades de los Aragoneses y Aragonesas son:

a) Los reconocidos en la Constitución, los incluidos en la declaración universal de los Derecho Humanos y en los demás instrumentos internacionales de protección de los mismos suscritos y ratificados por España, así como los establecidos en el ámbito de la Comunidad Autónoma por el Estatuto.

b) Los reconocidos en la Constitución, los incluidos en la Carta de Derechos de la Unión Europea y en los demás instrumentos internacionales de protección de los mismos suscritos y ratificados por España, así como los establecidos en el ámbito de la Comunidad Autónoma por el presente estatuto.

c) Los reconocidos en la Constitución, los incluidos en la declaración universal de los Derecho Humanos y en los demás instrumentos internacionales de protección de los mismos suscritos y ratificados por Aragón.

d) Ninguna es correcta.

7. ¿Cómo se estructura el articulado del Estatuto de Autonomía de Aragón?

a) En un preámbulo, nueve títulos, seis disposiciones adicionales, cinco disposiciones transitorias, una disposición derogatoria y una disposición final.

b) En un título preliminar y nueve títulos.

c) En nueve títulos, cinco disposiciones adicionales y una disposición derogatoria.

d) En diez títulos, seis disposiciones adicionales y una disposición final.

8. ¿A quién es aplicable del Derecho Foral Aragonés?

a) A los residentes en Aragón.

b) A los que ostenten la vecindad civil aragonesa residentes en Aragón.

c) A los españoles residentes en Aragón.

d) A los que ostenten la vecindad aragonesa independientemente del lugar de su residencia.

9. Aragón se estructura territorialmente en:

a) Municipios, Comarcas y Provincias.

b) Provincias.

c) Provincias y Municipios.

d) Provincias y Comarcas.

10. El territorio de la Comunidad Autónoma se corresponde:

a) Con el de las provincias de Zaragoza, Huesca y Teruel.
b) Con el de las comarcas de Aragón.
c) Con el histórico de Aragón comprendiendo el de los municipios, comarcas y provincias de Huesca, Teruel y Zaragoza.
d) Con el de los municipios de Aragón.

11. No es un principio político y administrativo derivado de la Constitución en relación con el Estatuto de Autonomía de Aragón:

a) Principio de unidad coordinación y cooperación institucional.
b) Principio de equilibrio territorial.
c) Principio democrático.
d) Principio de exclusividad del derecho estatal.

12. Según el Estatuto de Autonomía de Aragón los derechos, libertades y deberes de los Aragoneses y Aragonesas son:

a) Los establecidos en la Constitución y en la Declaración Universal de los derechos del Hombre.
b) Los establecidos en la Constitución y en el propio Estatuto de Autonomía de Aragón.
c) Exclusivamente los establecidos en el Estatuto de Autonomía de Aragón.
d) Todos son correctos.

13. En relación con la salud, ¿a qué tienen derecho los usuarios del sistema público de salud según el Estatuto de Autonomía de Aragón?

a) A la libre elección de médico y centro sanitario, en los términos que establecen las leyes.
b) A acceder a los Servicios Públicos y Privados de Salud.
c) A acceder a los Servicios Públicos de Salud en condiciones de igualdad.
d) A la asistencia sanitaria gratuita.

14. ¿Quiénes tienen derecho, según el Estatuto de Autonomía de Aragón, al acceso en condiciones de igualdad a unos Servicios Públicos de calidad?

a) Todos los ciudadanos.
b) Los españoles y ciudadanos europeos.
c) Todas las personas.
d) Los ciudadanos españoles y extranjeros.

15. La ordenación y organización de los servicios de justicia gratuita y orientación jurídica gratuita en el territorio de Aragón corresponde:

a) A la Comunidad Autónoma de Aragón.
b) Al Estado.

c) Al Consejo General del poder Judicial.
d) Al ministerio de Justicia.

16. Son instituciones de la Comunidad Autónoma de Aragón:

a) Las Cortes y el Justicia.
b) El Presidente.
c) El Gobierno o la Diputación General.
d) Todas las anteriores lo son.

17. El Presidente del Tribunal Superior de Justicia de Aragón es nombrado:

a) Por el Presidente de Aragón a propuesta del Consejo General del Poder Judicial.
b) Por el Rey a propuesta del Presidente de Aragón.
c) Por el Presidente del Gobierno de España a propuesta del Consejo de Justicia de Aragón.
d) Ninguna de las anteriores es correcta.

18. Las Cortes de Aragón son:

a) Soberanas.
b) Inviolables.
c) Independientes.
d) Autónomas.

19. ¿A quién corresponde el examen, enmienda, aprobación y control del presupuesto de la Comunidad Autónoma de Aragón?

a) A las Cortes de Aragón.
b) Al Gobierno de Aragón.
c) A las Cortes Generales.
d) Al Gobierno de España.

20. Según el Estatuto de Autonomía de Aragón la iniciativa legislativa corresponde:

a) A los miembros de las Cortes de Aragón y al Gobierno de Aragón.
b) A los miembros de las Cortes de Aragón y al Congreso de los Diputados.
c) Al Gobierno de España y al Gobierno de Aragón.
d) A las Cortes de Aragón y al Senado.

En MADTEST tienes **más preguntas de este tema** y todos tus avances quedan registrados y se reflejan en el ranking.

¡Supera tus límites con MADTEST!

Solución al test n.º 2

1. c) Del pueblo Aragonés y de la Constitución.

2. b) La norma Institucional básica de cada Comunidad Autónoma que el Estado reconoce y ampara como parte integrante de su Ordenamiento Jurídico.

3. a) Ley Orgánica.

4. c) Nacionalidad Histórica.

5. b) Los ciudadanos españoles que tengan la vecindad administrativa en cualquiera de los municipios de Aragón o cumplan los requisitos que la legislación pueda establecer.

6. a) Los reconocidos en la Constitución, los incluidos en la declaración universal de los Derecho Humanos y en los demás instrumentos internacionales de protección de los mismos suscritos y ratificados por España, así como los establecidos en el ámbito de la Comunidad Autónoma por el Estatuto.

7. b) En un título preliminar y nueve títulos.

8. d) A los que ostenten la vecindad aragonesa independientemente del lugar de su residencia.

9. a) Municipios, Comarcas y Provincias.

10. c) Con el histórico de Aragón comprendiendo el de los municipios, comarcas y provincias de Huesca, Teruel y Zaragoza.

11. d) Principio de exclusividad del derecho estatal.

12. b) Los establecidos en la Constitución y en el propio Estatuto de Autonomía de Aragón.

13. a) A la libre elección de médico y centro sanitario, en los términos que establecen las leyes.

14. c) Todas las personas.

15. a) A la Comunidad Autónoma de Aragón.

16. d) Todas las anteriores lo son.

17. d) Ninguna de las anteriores es correcta.

18. b) Inviolables.

19. a) A las Cortes de Aragón.

20. a) A los miembros de las Cortes de Aragón y al Gobierno de Aragón.

TEST N.º 3

Población, geografía y territorio en Aragón. Desequilibrios demográficos en Aragón. Magnitudes más relevantes de la economía aragonesa. Evolución reciente de la actividad económica en Aragón

1. En relación con las definiciones que la Ley de la Administración Local y la Ley de Comarcalización de Aragón establecen sobre territorio y población, señala la alternativa de respuesta incorrecta:

a) El conjunto de vecinos constituye la población del municipio.

b) Son vecinos de un municipio las personas que residen habitualmente en el mismo, se encuentren o no inscritas en el padrón municipal.

c) El término municipal es el ámbito territorial en el que ejerce sus competencias el municipio.

d) El territorio de cada comarca deberá coincidir con los espacios geográficos en que se estructuren las relaciones básicas de la actividad económica y cuya población esté vinculada por características sociales, historia y tradición comunes que definan bases peculiares de convivencia.

2. La ordenación del territorio es una materia:

a) De competencia compartida entre el Estado y la Comunidad Autónoma de Aragón.

b) De competencia ejecutiva de Aragón.

c) De competencia exclusiva de la Comunidad Autónoma de Aragón.

d) De competencia concurrente entre el Estado y Aragón.

3. ¿En qué disposición se encuentra regulada la función pública de ordenación del territorio en la Comunidad Autónoma de Aragón?

a) En el Decreto legislativo 1/2006, de 27 de diciembre.

b) En la Ley orgánica 5/2007, de 20 de abril.

c) En la Ley 4/2009, de 22 de junio.

d) En el Decreto legislativo 2/2015, de 17 de noviembre.

4. Determinados espacios de la Comunidad Autónoma requieren de una ordenación territorial específica, como ocurre con:

a) Los espacios que presentan densidades de población más bajas o altos índices de envejecimiento.
b) Los espacios vacíos.
c) Los antiguos espacios fronterizos.
d) Todas las respuestas anteriores son correctas.

5. ¿Cuál de las siguientes no constituye una estrategia de ordenación del territorio europeo?

a) El desarrollo territorial policéntrico y equilibrado y una nueva relación entre campo y ciudad.
b) Interdependencia y coordinación administrativa.
c) El acceso equivalente a las infraestructuras y al conocimiento.
d) La gestión prudente del patrimonio natural y cultural.

6. ¿Cuál de los siguientes enunciados está relacionado con la estrategia del desarrollo territorial policéntrico y equilibrado y una nueva relación entre campo y ciudad?

a) Se hace necesario incidir en los territorios que, en su dimensión comarcal, se encuentran en situación crítica debido a su baja densidad demográfica, donde se hace más necesaria, si cabe, la configuración de un nuevo equilibrio demográfico.
b) Parece necesario aprovechar la renta de situación aragonesa, impulsando sus comunicaciones con el resto de la Península Ibérica, así como con el centro de Europa a través de los Pirineos, e incrementar la accesibilidad de todas las comarcas.
c) Hay que articular un desarrollo sostenible de los recursos energéticos existentes, en particular de los recursos renovables, y evaluar los usos permitidos en relación con los riesgos naturales e inducidos y los impactos que esos usos puedan provocar en el territorio aragonés.
d) Se debe garantizar que la población pueda intervenir en aquellos instrumentos de planeamiento territorial que le afecten.

7. ¿Cuál de los siguientes no es un objetivo de ordenación territorial en Aragón?

a) Promover el desarrollo sostenible de la Comunidad Autónoma, haciendo compatible en todo su territorio la gestión, protección y mejora del patrimonio natural y cultural con la competitividad económica, el fortalecimiento de la cohesión social y el equilibrio demográfico.
b) Establecer condiciones de calidad de vida equivalentes para todos los habitantes de la Comunidad Autónoma con independencia de su lugar de residencia, haciendo efectiva la cohesión territorial y social.
c) Tutela ambiental, por medio de la protección activa del medio natural y del patrimonio cultural, con particular atención a la gestión de los recursos hídricos y del paisaje, y la evaluación de los riesgos naturales e inducidos.

d) Asignar racionalmente los usos del suelo en función de las aptitudes del medio físico y de las necesidades de la población, así como proporcionar criterios de interés general y social para la ubicación de las infraestructuras, los equipamientos y los servicios, fomentando la coordinación de los sectores implicados.

8. En relación con las estrategias de ordenación del territorio en Aragón, señala la respuesta incorrecta:

a) El policentrismo a través de la garantía de un acceso equivalente, eficaz y sostenible a infraestructuras, equipamientos, dotaciones y servicios, en especial mediante redes de transporte integrado, de tecnologías de la información y la comunicación y de difusión cultural.

b) La interdependencia y coordinación administrativa, basada en la evaluación y supervisión territoriales, prestando atención permanente a las entidades locales, así como al entorno territorial de Aragón, integrado por las Comunidades Autónomas limítrofes, el Estado, el ámbito de cooperación transfronteriza con las entidades territoriales francesas y la Unión Europea.

c) La accesibilidad, garantizando que la población pueda intervenir en aquellos instrumentos de planeamiento territorial que le afecten.

d) La tutela ambiental mediante el desarrollo de un sistema urbano equilibrado y policéntrico y de una asociación cooperativa e integrada entre los núcleos urbanos y los espacios rurales, fundamentada en la organización comarcal.

9. Según los Datos básicos de Aragón, ¿qué porcentaje de municipios están ubicados en zonas de montaña?

a) 9,4 %.
b) 40,1 %.
c) 60,3 %.
d) 1,1 %.

10. ¿En cuántas comarcas se organiza la administración comarcal de Aragón?

a) 33.
b) 41.
c) 50.
d) 36.

11. Según el Instituto Aragonés de Estadística, ¿qué porcentaje de la población aragonesa se concentra en las zonas urbanas?

a) 40,01 %.
b) 13,8 %.
c) 1,9 %.
d) 70,3 %.

12. ¿Cómo se califican a las zonas formadas por municipios de más de 10.000 habitantes?

a) Rurales.
b) Intermedias.
c) Urbanas.
d) Periurbanas.

13. Según el Instituto Aragonés de Estadística, ¿cuál es el tramo de edad con mayor presencia, tanto de mujeres como de hombres, en la población de Aragón?

a) De 35 a 54 años.
b) De 55 a 64 años.
c) De 65 a 84 años.
d) 85 y más años.

14. De la población extranjera empadronada en municipios aragoneses, ¿cuál es la procedencia que representa el porcentaje más elevado de extranjeros?

a) África.
b) Asia.
c) Europa.
d) América.

15. El fenómeno de la macrocefalia se refiere:

a) A la tenencia de saldo vegetativo negativo en Aragón.
b) A la superpoblación de los municipios próximos a la capital autonómica.
c) Al desequilibrio territorial.
d) Al envejecimiento de la población en las zonas con menor densidad de población.

16. A los efectos de la aplicación de la Ley 45/2007, de 13 de diciembre, para el desarrollo sostenible del medio rural en Aragón, cada comarca equivale a una zona rural. ¿Cuál de las siguientes comarcas tiene la consideración de zona rural a revitalizar?

a) Bajo Aragón.
b) Campo de Cariñena.
c) Tarazona y el Moncayo.
d) Ribera Alta del Ebro.

17. Según la Ley 45/2007, de 13 de diciembre, ¿cuál es una característica propia de las zonas rurales periurbanas?

a) Zonas en las que predomina el empleo en el sector terciario.
b) Zonas con una densidad de población media.
c) Zonas con escasa densidad de población.
d) Zonas con bajos niveles de renta.

18. En aplicación de la Ley 45/2007, ¿cuál de las siguientes comarcas no tiene la consideración de zona rural intermedia?

a) Hoya de Huesca.
b) Litera.
c) Aranda.
d) Valdejalón.

19. El Plan de Zona en el que se deja constancia de la estrategia de desarrollo rural establecida para esa comarca se aprueba:

a) Por el Gobierno de Aragón.
b) Por la Administración General del Estado.
c) Por las Entidades Locales implicadas.
d) Por el Gobierno de Aragón y la Administración General del Estado.

20. ¿Cuál de las siguientes constituye una causa del fenómeno de la despoblación en Aragón?

a) El crecimiento vegetativo negativo.
b) El abandono de los pueblos.
c) La elevada dispersión de la población.
d) El acceso a los servicios públicos.

En MADTEST tienes **más preguntas de este tema** y todos tus avances quedan registrados y se reflejan en el ranking.

¡Supera tus límites con MADTEST!

Solución al test n.º 3

1. b) Son vecinos de un municipio las personas que residen habitualmente en el mismo, se encuentren o no inscritas en el padrón municipal.

2. c) De competencia exclusiva de la comunidad autónoma de Aragón.

3. d) En el Decreto legislativo 2/2015, de 17 de noviembre.

4. d) Todas las respuestas anteriores son correctas.

5. b) Interdependencia y coordinación administrativa.

6. a) Se hace necesario incidir en los territorios que, en su dimensión comarcal, se encuentran en situación crítica debido a su baja densidad demográfica, donde se hace más necesaria, si cabe, la configuración de un nuevo equilibrio demográfico.

7. c) Tutela ambiental, por medio de la protección activa del medio natural y del patrimonio cultural, con particular atención a la gestión de los recursos hídricos y del paisaje, y la evaluación de los riesgos naturales e inducidos.

8. b) La interdependencia y coordinación administrativa, basada en la evaluación y supervisión territoriales, prestando atención permanente a las entidades locales, así como al entorno territorial de Aragón, integrado por las Comunidades Autónomas limítrofes, el Estado, el ámbito de cooperación transfronteriza con las entidades territoriales francesas y la Unión Europea.

9. b) 40,1%.

10. a) 33.

11. d) 70,3 %.

12. c) Urbanas.

13. a) De 35 a 54 años.

14. c) Europa.

15. b) A la superpoblación de los municipios próximos a la capital autonómica.

16. c) Tarazona y el Moncayo.

17. a) Zonas en las que predomina el empleo en el sector terciario.

18. d) Valdejalón.

19. d) Por el Gobierno de Aragón y la Administración General del Estado.

20. a) El crecimiento vegetativo negativo.

TEST N.º 4

La igualdad de oportunidades entre mujeres y hombres en Aragón: Disposiciones generales. Prevención y Protección Integral a las Mujeres Víctimas de Violencia en Aragón: Disposiciones Generales. La identidad y expresión de género e igualdad social y no discriminación en la Comunidad Autónoma de Aragón: Disposiciones Generales. La diversidad cultural y lucha contra la discriminación: Principios y objetivos del Plan Integral para la Gestión de la Diversidad vigente en Aragón

1. Según el artículo 9.2 de la Constitución: "corresponde a los poderes públicos .... las condiciones para que la libertad y la igualdad del individuo y de los grupos en que se integra sean reales y efectivas; .... los obstáculos que impidan o dificulten su plenitud y .... la participación de todos los ciudadanos en la vida política, económica, cultural y social". Qué 3 verbos faltan en la anterior frase:

a) Promover, remover y facilitar.
b) Impulsar, superar y posibilitar.
c) Crear, eliminar y alentar.
d) Facilitar, disminuir y promover.

2. La ley que regula a nivel estatal la igualdad efectiva de mujeres y hombres, es:

a) La Ley 3/2007, de 12 marzo.
b) La Ley orgánica 22/2007, de 3 de abril.
c) La Ley orgánica 3/2007, de 22 de marzo.
d) El Decreto Legislativo 7/2003, de 23 de mayo.

3. Señala la opción incorrecta. Según el artículo 3 de la LO 3/2007, el principio de igualdad de trato entre mujeres y hombres supone la ausencia de toda discriminación, directa o indirecta, por razón de sexo, y especialmente, las derivadas de:

a) La maternidad.
b) La tendencia sexual.
c) La asunción de obligaciones familiares.
d) El estado civil.

4. Según el artículo 4 de la LO 3/2007, la igualdad de trato y de oportunidades entre mujeres y hombres:

a) Es un deber de las Administraciones Públicas.

b) Es una fuente formal del Derecho.

c) Es un principio informador del ordenamiento jurídico.

d) Es un objetivo fundamental del procedimiento administrativo.

5. La situación en que se encuentra una persona que sea, haya sido o pudiera ser tratada, en atención a su sexo, de manera menos favorable que otra en situación comparable, se considera:

a) Discriminación directa.

b) Acoso sexual.

c) Discriminación indirecta.

d) Violencia de género.

6. Una diferencia de trato basada en una característica relacionada con el sexo ¿constituye discriminación en el acceso al empleo?

a) Sí, en todo caso.

b) No, siempre que la formación necesaria se base en dicha característica.

c) No, siempre que dicha característica constituya un requisito profesional esencial y determinante.

d) No, si debido a la naturaleza de las actividades profesionales concretas o al contexto en el que se lleven a cabo, dicha característica constituya un requisito profesional esencial y determinante, siempre y cuando el objetivo sea legítimo y el requisito proporcionado.

7. A los efectos de la LO 3/2007, definimos como acoso sexual:

a) Cualquier comportamiento realizado en función del sexo de una persona, con el propósito o el efecto de atentar contra su dignidad y de crear un entorno intimidatorio, degradante u ofensivo.

b) La situación en que una disposición, criterio o práctica aparentemente neutros pone a personas de un sexo en desventaja particular con respecto a personas del otro, salvo que dicha disposición, criterio o práctica puedan justificarse objetivamente en atención a una finalidad legítima y que los medios para alcanzar dicha finalidad sean necesarios y adecuados.

c) Todo trato desfavorable a las mujeres relacionado con el embarazo o la maternidad.

d) Cualquier comportamiento, verbal o físico, de naturaleza sexual que tenga el propósito o produzca el efecto de atentar contra la dignidad de una persona, en particular cuando se crea un entorno intimidatorio, degradante u ofensivo.

8. Según el artículo 10 de la LO 3/2007, los actos y las cláusulas de los negocios jurídicos que constituyan o causen discriminación por razón de sexo se considerarán:

a) Válidos, pero anulables.

b) Nulos y sin efecto.

c) Ilegales.

d) Nulos, pero con efectos.

9. Conforme al artículo 12 de la LO 3/2007, cualquier persona podrá recabar de los tribunales la tutela del derecho a la igualdad entre mujeres y hombres, de acuerdo con lo establecido en el artículo 53.2 de la Constitución:

a) Siempre que la relación en la que supuestamente se produce la discriminación se encuentre vigente.

b) Incluso tras la terminación de la relación en la que supuestamente se ha producido la discriminación.

c) Siempre que se haya dado por terminada la relación en la que supuestamente se produce la discriminación.

d) A menos que se haya procedido a la suspensión de la relación en la que supuestamente se produce la discriminación.

10. La capacidad y la legitimación para intervenir en los procesos civiles, sociales y contencioso-administrativos que versen sobre la defensa del derecho de igualdad entre mujeres y hombres, corresponden a:

a) La persona acosada, únicamente.

b) Cualquier ciudadano.

c) Las personas físicas y jurídicas con interés legítimo.

d) Cualquier persona jurídica.

11. La Disposición Adicional Primera de la LO 3/2007, determina que se entenderá por composición equilibrada la presencia de mujeres y hombres de forma que, en el conjunto al que se refiera, las personas de cada sexo:

a) No superen el 55 % ni sean menos del 45 %.

b) No superen el 70 % ni sean menos del 30 %.

c) No superen el 60 % ni sean menos del 40 %.

d) No superen el 65 % ni sean menos del 35 %.

12. Según el artículo 1 de la Ley 7/2018, de 28 de junio, de igualdad de oportunidades entre mujeres y hombres en Aragón, esta ley tiene por objeto hacer efectivo el derecho de igualdad de trato y de oportunidades entre mujeres y hombres en la Comunidad Autónoma de Aragón, en desarrollo de los artículos 9.2, 14 y 23 de la Constitución, y 6.2, 11.3, 24.c) y 73.37.ª del Estatuto de Autonomía de Aragón, y mediante las medidas necesarias, remover los obstáculos que impidan o dificulten su .... para avanzar hacia una sociedad aragonesa más libre, justa, democrática y solidaria. Señalar la palabra que falta en la frase.

a) Plenitud.

b) Ejecución.

c) Aplicación.

d) Extensión.

13. ¿Es de aplicación la Ley 7/2018, de 28 de junio, de igualdad de oportunida-des entre mujeres y hombres en Aragón a las entidades privadas de Aragón?

a) No, sólo es aplicable a personas físicas.

b) No, sólo es aplicable a la Administración de la Comunidad Autónoma de Aragón y sus organismos autónomos, y a las entidades que conforman el sector público del Gobierno de Aragón.

c) Sí, es aplicable por igual a todas las personas físicas y jurídicas establecidas en la Comunidad Autónoma de Aragón.

d) Es de aplicación a las entidades privadas que suscriban contratos o convenios de colaboración con las Administraciones públicas de Aragón o sean beneficiarias de ayudas o subvenciones concedidas por ellas.

14. Según el artículo 3 de la Ley 7/2018, un principio general de actuación de los poderes públicos de Aragón es el establecimiento de medidas para la conciliación de vida laboral, familiar y personal de mujeres y hombres, potenciando:

a) La corresponsabilidad.

b) La estabilidad en el empleo.

c) La igualdad de salarios.

d) La representación equilibrada.

15. Es una categoría que estructura la variable hombre y mujer y que viene referida a las diferencias biológicas, anatómicas y fisiológicas entre mujeres y hombres:

a) Género.

b) Sexualidad.

c) Sexo.

d) Sexismo.

16. Tal como lo define el artículo 4 de la Ley 7/2018, es la manifestación e institucionalización del dominio masculino sobre una supuesta inferioridad biológica de las mujeres, que históricamente se ha encargado de exhibir una distribución desigual del poder en favor de los hombres y que tiende a acentuar esta diferencia para conservar y conseguir más privilegios:

a) Patriarcado.

b) Machismo.

c) Sexismo.

d) Acoso sexual.

17. Educar en relación, según el artículo 4 de la Ley 7/2018, es la necesidad de que exista .... entre personas distintas en el ámbito educativo para poder generar comportamientos y relaciones igualitarias. Señalar la palabra que falta en la frase.

a) Integración.
b) Convivencia.
c) Comprensión.
d) Intercambio.

18. La protección jurídica frente a la violencia de género se articuló a nivel estatal a través de:

a) Ley Orgánica 1/2004, de 28 de diciembre.
b) Ley Orgánica 4/2001, de 8 de octubre.
c) Ley Orgánica 2/2008, de 14 de diciembre.
d) Ley Orgánica 10/2002, de 4 de octubre.

19. Según el artículo 1 de la Ley 4/2007, de 22 de marzo, de Prevención y Protección Integral a las Mujeres Víctimas de Violencia en Aragón, el objeto de esta Ley es la adopción de medidas integrales dirigidas a la ...., prevención y erradicación de la violencia ejercida sobre las mujeres, así como la protección, asistencia y seguimiento a las víctimas de violencia ejercida contra la mujer. Señalar la palabra que falta en la frase.

a) Evaluación.
b) Sensibilización.
c) Visibilización.
d) Marginación.

20. Siguiendo el artículo 2 de la Ley 4/2007, cuál de las siguientes formas de violencia incluye cualquier acto intencional de fuerza contra el cuerpo de la mujer, con resultado o riesgo de producir lesión física o daño en la víctima:

a) Abuso sexual.
b) Malos tratos sexuales.
c) Acoso sexual.
d) Malos tratos físicos.

En MADTEST tienes **más preguntas de este tema** y todos tus avances quedan registrados y se reflejan en el ranking.

¡Supera tus límites con MADTEST!

Solución al test n.º 4

1. a) Promover, remover y facilitar.

2. c) La Ley orgánica 3/2007, de 22 de marzo.

3. b) La tendencia sexual.

4. c) Es un principio informador del ordenamiento jurídico.

5. a) Discriminación directa.

6. d) No, si debido a la naturaleza de las actividades profesionales concretas o al contexto en el que se lleven a cabo, dicha característica constituya un requisito profesional esencial y determinante, siempre y cuando el objetivo sea legítimo y el requisito proporcionado.

7. d) Cualquier comportamiento, verbal o físico, de naturaleza sexual que tenga el propósito o produzca el efecto de atentar contra la dignidad de una persona, en particular cuando se crea un entorno intimidatorio, degradante u ofensivo.

8. b) Nulos y sin efecto.

9. b) Incluso tras la terminación de la relación en la que supuestamente se ha producido la discriminación.

10. c) Las personas físicas y jurídicas con interés legítimo.

11. c) No superen el 60 % ni sean menos del 40 %.

12. a) Plenitud.

13. d) Es de aplicación a las entidades privadas que suscriban contratos o convenios de colaboración con las Administraciones públicas de Aragón o sean beneficiarias de ayudas o subvenciones concedidas por ellas.

14. a) La corresponsabilidad.

15. c) Sexo.

16. a) Patriarcado.

17. b) Convivencia.

18. a) Ley Orgánica 1/2004, de 28 de diciembre.

19. b) Sensibilización.

20. d) Malos tratos físicos.

TEST N.º 5

**La Ley General de Sanidad: El Sistema Nacional de Salud
y los Servicios de Salud de las Comunidades Autónomas.
El Área de Salud. La Ley de Salud de Aragón: Principios rectores.
Derechos y deberes de los ciudadanos. Derechos de información
sobre la salud y autonomía del paciente**

1. El Sistema Nacional de Salud es:

a) El operador que regula los aspectos básicos de las profesiones sanitarias tituladas en lo que se refiere a su ejercicio por cuenta propia o ajena.

b) Los centros, servicios y establecimientos de la propia Comunidad, Diputaciones, Ayuntamientos y cualesquiera otras Administraciones territoriales intracomunitarias, que estará gestionado bajo la responsabilidad de la respectiva Comunidad Autónoma.

c) El conjunto de los Servicios de Salud de la Administración del Estado y de los Servicios de Salud de las Comunidades Autónomas.

d) La ordenación territorial de los Servicios de Salud del Estado, de las comunidades autónomas y de las organizaciones y entidades privadas.

2. ¿De cuántos artículos consta la Ley 14/1986 de 25 de abril, General de Sanidad?

a) 109.
b) 111.
c) 113.
d) 116.

3. La Ley 14/1986 de 25 de abril, General de Sanidad, se estructura en:

a) Un Título Preliminar, siete Títulos, diez Disposiciones Adicionales, seis Disposiciones Transitorias, dos Disposiciones Derogatorias y dieciséis Disposiciones Finales.

b) Un Título Preliminar, seis Títulos, diez Disposiciones Adicionales, siete Disposiciones Transitorias, dos Disposiciones Derogatorias y dieciséis Disposiciones Finales.

c) Un Título Preliminar, siete Títulos, diez Disposiciones Adicionales, siete Disposiciones Transitorias, tres Disposiciones Derogatorias y dieciséis Disposiciones Finales.

d) Un Título Preliminar, siete Títulos, diez Disposiciones Adicionales, seis Disposiciones Transitorias, tres Disposiciones Derogatorias y dieciséis Disposiciones Finales.

4. ¿Qué artículo de nuestra Carta Magna reconoce el derecho a la protección de la salud?

a) El art. 9.1.
b) El art. 9.2.
c) El art. 43.1.
d) El art. 49.1.

5. La Ley 14/1986, de 25 de abril, General de Sanidad, establece que las piezas básicas de los Servicios de Salud de las Comunidades Autónomas son:

a) Las Áreas de Salud.
b) Los Distritos Sanitarios.
c) Las Comarcas Sanitarias.
d) Las Zonas de Salud.

6. La Ley 14/1986, de 25 de abril, General de Sanidad, tiene como objeto:

a) Establecer el marco legal para las acciones de coordinación y cooperación de las Administraciones públicas sanitarias, en el ejercicio de sus respectivas competencias.
b) La regulación de los aspectos básicos de las profesiones sanitarias tituladas.
c) La regulación de los derechos y obligaciones de los pacientes, usuarios y profesionales, así como de los centros y servicios sanitarios, públicos y privados.
d) La regulación general de todas las acciones que permitan hacer efectivo el derecho a la protección de la salud reconocido en el artículo 43 de la Constitución Española.

7. Las Áreas de Salud se delimitan teniendo en cuenta factores:

a) Climatológicos y de dotación de vías y medios de comunicación.
b) Geográficos y demográficos.
c) Socioeconómicos y culturales.
d) Todas las respuestas son correctas.

8. Como regla general el área de salud extenderá su acción a una población:

a) No inferior a 100.000 habitantes ni superior a 150.000.
b) No inferior a 200.000 habitantes ni superior a 250.000.
c) No inferior a 250.000 habitantes ni superior a 300.000.
d) No inferior a 300.000 habitantes ni superior a 500.000.

9. ¿Qué Comunidades Autónomas y/o Ciudades Autónomas se exceptúan de la regla que hemos visto en la pregunta anterior, pudiéndose acomodar a sus específicas peculiaridades?

a) Baleares, Ceuta y Melilla.
b) Baleares y Canarias.

c) Canarias, Ceuta y Melilla.
d) Baleares, Canarias, Ceuta y Melilla.

10. Según dispone al artículo 56.5 LGS, cada provincia tendrá, en todo caso y como mínimo:

a) Un área de salud.
b) Dos áreas de salud.
c) Tres áreas de salud.
d) Cuatro áreas de salud.

11. ¿Cómo se denomina el órgano de participación de las Áreas de Salud?

a) Consejo de salud de área.
b) Consejo de dirección de área.
c) Comisión de salud del área.
d) Comité de Participación del Área de Salud.

12. Los Consejos de salud de área estarán constituidos por:

a) Las organizaciones sindicales más representativas, en una proporción no inferior al 50 %, a través de los profesionales sanitarios titulados.
b) La representación de los ciudadanos a través de las Corporaciones Locales comprendidas en su demarcación, que supondrá el 25 % de sus miembros.
c) La Administración sanitaria del área de salud.
d) Todas las respuestas son correctas.

13. El Gerente del área de salud será nombrado y cesado por la dirección del servicio de salud de la Comunidad Autónoma, a propuesta de:

a) El Consejo de dirección del área.
b) El Consejo de salud del área.
c) La Consejería de Sanidad de la Comunidad Autónoma.
d) El Consejo de Gerencia de la zona.

14. ¿A quién corresponde, según dispone el art. 60.3 LGS, presentar los anteproyectos del Plan de Salud y de sus adaptaciones anuales así como el proyecto de memoria anual del área de salud?

a) Al Consejo de salud del área.
b) Al Consejo de dirección del área.
c) Al Gerente del área de salud.
d) A las Consejerías de Sanidad de las Comunidades Autónomas.

15. Señala cuál de las siguientes es una de las funciones de los Consejos de Salud:

a) Conocer e informar el anteproyecto del Plan de Salud del área y de sus adaptaciones anuales.

b) Conocer e informar la memoria anual del área de salud.

c) Verificar la adecuación de las actuaciones en el área de salud a las normas y directrices de la política sanitaria y económica.

d) Todas las respuestas son correctas.

16. El Consejo de Salud de Área contará con la representación de los ciudadanos a través de las Corporaciones Locales comprendidas en su demarcación, que supondrá el:

a) 30 % de sus miembros.

b) 50 % de sus miembros.

c) 25 % de sus miembros.

d) 40 % de sus miembros.

17. ¿Qué porcentaje de los miembros del Consejo de dirección representan a la Comunidad Autónoma?

a) El 60 %.

b) El 50 %.

c) El 40 %.

d) El 25 %.

18. Según el artículo 14 del Estatuto de Autonomía de Aragón (Ley Orgánica 5/2007, de 20 de abril), todas las personas tienen derecho a acceder a los servicios públicos de salud, en condiciones de igualdad, universalidad y:

a) Libertad.

b) Calidad.

c) Eficacia.

d) Gratuidad.

19. ¿En cuántos títulos se estructura la Ley 6/2002, de 15 de abril, de Salud de Aragón?

a) 7.

b) 5.

c) 9.

d) 12.

20. ¿Qué título de la Ley 6/2002, de Salud de Aragón, se refiere a los derechos de información sobre la salud y la autonomía del paciente?

a) Título II.
b) Título III.
c) Título V.
d) Título VI.

En MADTEST tienes **más preguntas de este tema** y todos tus avances quedan registrados y se reflejan en el ranking.

¡Supera tus límites con MADTEST!

Solución al test n.º 5

1. c) El conjunto de los Servicios de Salud de la Administración del Estado y de los Servicios de Salud de las Comunidades Autónomas.

2. d) 116.

3. a) Un Título Preliminar, siete Títulos, diez Disposiciones Adicionales, seis Disposiciones Transitorias, dos Disposiciones Derogatorias y dieciséis Disposiciones Finales.

4. c) El art. 43.1.

5. a) Las Áreas de Salud.

6. d) La regulación general de todas las acciones que permitan hacer efectivo el derecho a la protección de la salud reconocido en el 43 de la Constitución Española.

7. d) Todas las respuestas son correctas.

8. b) No inferior a 200.000 habitantes ni superior a 250.000.

9. d) Baleares, Canarias, Ceuta y Melilla.

10. a) Un área de salud.

11. a) Consejo de salud de área.

12. c) La Administración sanitaria del área de salud.

13. a) El Consejo de dirección del área.

14. c) Al Gerente del área de salud.

15. d) Todas las respuestas son correctas.

16. b) 50 % de sus miembros.

17. a) El 60 %.

18. b) Calidad.

19. c) 9.

20. b) Título III.

TEST N.º 6

El Departamento de Sanidad del Gobierno de Aragón. Estructura básica y competencias. El Servicio Aragonés de Salud: Estructura y competencias. El Texto Refundido de la Ley del Servicio Aragonés de Salud. Estructura y funcionamiento de las áreas y sectores del Sistema de Salud de Aragón

1. Las zonas de salud serán delimitadas por:

a) Las Cortes de Aragón.
b) El Consejo de Gobierno.
c) El Departamento responsable de salud.
d) El Consejo de Salud de Aragón.

2. No es una competencia del Departamento de Sanidad de Aragón:

a) Definir y desarrollar las Estrategias de Salud en la Comunidad Autónoma.
b) Planificar, evaluar y controlar la organización asistencial del Sistema de Salud de Aragón.
c) Proceder a la estructuración, ordenación y planificación territorial en materia de salud.
d) Aprobar el Plan de Salud de Aragón.

3. Corresponde al Consejero de Sanidad:

a) Aprobar la estructura orgánica de su Departamento.
b) Aprobar el presupuesto de su Departamento.
c) Aprobar el reglamento del Servicio Aragonés de Salud.
d) Aprobar la memoria anual de actuación del Servicio Aragonés de Salud.

4. ¿A qué Dirección está adscrito el Servicio de Seguridad Alimentaria y Salud Ambiental?

a) Dirección General de Asistencia Sanitaria y Planificación.
b) Dirección General de Salud Pública.

c) Dirección General de Salud Digital e Infraestructuras.
d) Dirección General de Cuidados y Humanización.

5. NO es un Servicio de la Dirección General de Asistencia Sanitaria y Planificación:

a) Servicio de Personal, Planificación y Coordinación.
b) Servicio de Oferta Asistencial.
c) Servicio de Prestaciones y Contratación Sanitaria.
d) Servicio de Estrategias de Salud y Formación.

6. ¿A qué órgano se adscribe el Servicio de Cuidados y Alfabetización en Salud?

a) A la Secretaría General Técnica.
b) A la DG de Asistencia Sanitaria y Planificación.
c) A la DG de Salud Digital e Infraestructuras.
d) A la DG de Cuidados y Humanización.

7. ¿A quién corresponde el seguimiento y control de la prestación de incapacidad temporal?

a) A los Servicios Provinciales.
b) A los Centros de Salud.
c) Al Servicio de Prevención de Riesgos laborales.
d) A los Equipos de Salud correspondientes.

8. ¿Cuál de los siguientes organismos públicos no está adscrito al Departamento de Sanidad?

a) Servicio Aragonés de Salud.
b) Instituto Aragonés de Ciencias de la Salud.
c) Banco de Sangre y Tejidos.
d) Instituto Aragonés de Servicios Sociales.

9. El Servicio de Evaluación y Acreditación forma parte de la estructura de:

a) La Dirección General de Salud Digital e Infraestructuras.
b) La Secretaría General Técnica.
c) La Dirección General de Salud Pública.
d) La Dirección General de Asistencia Sanitaria y Planificación.

10. No es un órgano de la Secretaría General Técnica del Departamento de Sanidad:

a) Servicio de Información, Transparencia y Participación.
b) Servicio de Gestión Económica, Contratación y Asuntos Generales.
c) Servicio de Personal, Planificación y Coordinación.
d) Servicio de Asuntos Jurídicos.

11. ¿Cuál de las siguientes no constituye una línea asistencial en la estructura de las áreas y sectores del Sistema de Salud de Aragón?

a) La atención especializada.
b) La atención a la salud mental.
c) La atención sociosanitaria.
d) La atención psicosocial.

12. ¿Cuántos representantes de la Administración Sanitaria del Sector, forman parte del Consejo Rector del Área de Salud?

a) Cinco.
b) Tres.
c) Dos.
d) Ninguno.

13. Respecto a las Gerencias del Sector no es cierto que:

a) Son órganos desconcentrados.
b) Son órganos organizativos e instrumentales.
c) Gestionan los recursos sanitarios necesarios para la asistencia sanitaria de los centros y unidades de su territorio.
d) Son órganos consultivos.

14. Respecto a la línea asistencial de Atención Primaria, no es cierto que:

a) Garantiza la globalidad y continuidad de la atención a lo largo de toda la vida del paciente.
b) Comprende actividades tales como la educación sanitaria.
c) Una de las líneas de actuación es la salud bucodental.
d) Una de las líneas de actuación es la asistencia en hospital de día.

15. El Área de Salud será dirigida por un órgano propio denominado:

a) Consejo de Dirección.
b) Consejo Rector.
c) Departamento de Salud y Consumo.
d) Gerencia del Sector.

16. ¿A quién le corresponde el seguimiento, control y evaluación de los objetivos y medidas establecidas en los Contratos de Gestión del Área de Salud?

a) Al Consejo de Dirección.
b) Al Consejo Rector.
c) Al Departamento de Sanidad.
d) Al Gerente del Sector.

17. Respecto al Director de Gestión y Servicios Generales no es cierto que:

a) Proporciona a los demás órganos directivos, soporte administrativo y técnico específico, así como los servicios generales necesarios para el cumplimiento de sus objetivos.

b) Debe tener título universitario.

c) Tendrá dedicación exclusiva.

d) Será nombrado por el Director Gerente del Servicio Aragonés de Salud, a propuesta del Consejero del Departamento responsable en materia de salud.

18. El Director de Gestión y Servicios Generales del Sector actuará de conformidad con las competencias que tiene atribuidas:

a) Bajo la dependencia funcional de la Gerencia del Sector.

b) Bajo la dependencia orgánica de la Gerencia del Sector.

c) Bajo la dependencia orgánica del Director Gerente del Servicio Aragonés de Salud.

d) Bajo la dependencia orgánica del Consejero de Sanidad.

19. Según el artículo 21 del Decreto Legislativo 2/2004, de 30 de diciembre, por el que se aprueba el Texto Refundido de la Ley del Servicio Aragonés de Salud, en el Consejo de Salud de Zona habrá:

a) Un representante de cada consejo escolar constituido en la zona de salud.

b) Un veterinario con ejercicio profesional en la zona de salud.

c) Dos farmacéuticos con ejercicio profesional en la zona de salud.

d) Un representante del equipo de atención primaria, elegido por el coordinador del equipo.

20. ¿Cuál de las siguientes es una competencia de la Dirección de Área de Coordinación Asistencial?

a) La elaboración, seguimiento y evaluación de los contratos de gestión en los centros del Servicio Aragonés de Salud.

b) La gestión de la Tesorería del Organismo.

c) La propuesta de fijación de plantillas de personal de los diversos centros y servicios y sus modificaciones.

d) La coordinación de las actividades de gestión y desarrollo profesional.

Solución al test n.º 6

1. c) El Departamento responsable de salud.

2. d) Aprobar el Plan de Salud de Aragón.

3. d) Aprobar la memoria anual de actuación del Servicio Aragonés de Salud.

4. b) Dirección General de Salud Pública.

5. a) Servicio de Personal, Planificación y Coordinación.

6. d) A la DG de Cuidados y Humanización.

7. a) A los Servicios Provinciales.

8. d) Instituto Aragonés de Servicios Sociales.

9. d) La Dirección General de Asistencia Sanitaria y Planificación.

10. a) Servicio de Información, Transparencia y Participación.

11. d) La atención psicosocial.

12. b) Tres.

13. d) Son órganos consultivos.

14. d) Una de las líneas de actuación es la asistencia en hospital de día.

15. b) Consejo Rector.

16. d) Al Gerente del Sector.

17. d) Será nombrado por el Director Gerente del Servicio Aragonés de Salud, a propuesta del Consejero del Departamento responsable en materia de salud.

18. b) Bajo la dependencia orgánica de la Gerencia del Sector.

19. b) Un veterinario con ejercicio profesional en la zona de salud.

20. d) La coordinación de las actividades de gestión y desarrollo profesional.

TEST N.º 7

Personal Estatutario de los Servicios de Salud: Clasificación del Personal Estatutario. Derechos y Deberes. Adquisición y pérdida de la condición de personal estatutario. Provisión de plazas, selección y promoción interna. Movilidad del personal. Situaciones. Régimen disciplinario. Estatuto Básico del Empleado Público: Deberes del empleado público y código de conducta. Representación, participación y negociación colectiva. Incompatibilidades del personal al servicio de las Administraciones Públicas. Principios generales. Ámbito de aplicación

1. Conforme al artículo 9.1 del Estatuto Marco (en redacción dada por el Real Decreto-ley 12/2022, de 5 de julio, por el que se modifica la Ley 55/2003, de 16 de diciembre, del Estatuto Marco del personal estatutario de los servicios de salud), los nombramientos del Personal Estatutario Temporal de los Servicios de Salud serán:

a) Únicamente de Personal Estatutario Sanitario.
b) Personal Estatutario Contratado.
c) De interinidad.
d) Como Personal Laboral.

2. Conforme al artículo 6.2 de la Ley 55/2003, de 16 de diciembre, del Estatuto Marco del personal estatutario de los servicios de salud, atendiendo al nivel académico del título exigido para el ingreso, el personal estatutario sanitario de formación profesional se divide en:

a) Técnicos sanitarios y Auxiliares de Enfermería.
b) Técnicos superiores y Técnicos.
c) Técnicos superiores y Técnicos de gestión.
d) Técnicos especialistas y Técnicos.

3. Podrá concurrir a las pruebas selectivas, por el sistema de promoción interna, el personal estatutario fijo que se encuentre en servicio activo y con nombramiento como personal estatutario fijo, en la categoría de procedencia, durante al menos:

a) 2 años.
b) 3 años.
c) 4 años.
d) 5 años.

4. Quienes no acrediten, una vez superado el proceso selectivo, que reúnen los requisitos y condiciones exigidos en la convocatoria:

a) No podrán ser nombrados hasta que subsanen el defecto.
b) No podrán ser nombrados, y quedarán sin efecto sus actuaciones.
c) Podrán ser nombrados de forma condicional.
d) Una vez superado el proceso selectivo, se entiende que reúne los requisitos exigidos, salvo prueba en contrario.

5. No es causa de extinción de la condición de personal estatutario fijo:

a) La renuncia.
b) La jubilación.
c) La sanción disciplinaria firme de separación del servicio.
d) La incapacidad temporal.

6. La recuperación de la condición de personal estatutario:

a) Supondrá la simultánea declaración del interesado en la situación de excedencia voluntaria, salvo en el caso de que se hubiera perdido como consecuencia de incapacidad.
b) Supondrá la simultánea declaración del interesado en la situación de excedencia voluntaria.
c) Supondrá la reincorporación del interesado a su puesto anterior.
d) Supondrá la reincorporación del interesado a su puesto en reingreso provisional.

7. La renuncia a la condición de personal estatutario, en los casos en que no exista un expediente disciplinario abierto, deberá ser solicitada por el interesado con una antelación mínima a su efectividad:

a) En cualquier momento.
b) De 15 días.
c) Tiene carácter voluntario y no está sometida a preaviso.
d) De un mes.

8. Entre los siguientes derechos que le reconoce el Estatuto Marco al personal estatutario, no figura el derecho individual a:

a) La estabilidad en el empleo.
b) El respeto a la dignidad e intimidad personal en el trabajo.
c) La formación continuada adecuada a la función desempeñada.
d) La inamovilidad del puesto de trabajo.

9. El personal estatutario de los servicios de salud tiene el deber de:

a) Participar en la elaboración de los convenios colectivos.
b) Realizar sus funciones fuera del horario y jornada habitual.
c) Realizar actividades sindicales.
d) Respetar la Constitución, el Estatuto de Autonomía correspondiente y el resto del ordenamiento jurídico.

10. Son faltas muy graves:

a) La falta de obediencia debida a los superiores.
b) El acoso sexual, cuando el sujeto activo del acoso cree con su conducta un entorno laboral intimidatorio, hostil o humillante para la persona que es objeto del mismo.
c) El incumplimiento del deber de respeto a la Constitución o al respectivo Estatuto de Autonomía en el ejercicio de sus funciones.
d) La aceptación de cualquier tipo de contraprestación por los servicios prestados a los usuarios de los Servicios de Salud.

11. El funcionario sancionado con la separación del servicio no podrá concurrir a las pruebas de selección para la obtención de la condición de personal estatutario fijo, ni prestar servicios como personal estatutario temporal, durante:

a) Los 6 años siguientes.
b) Los 5 años siguientes.
c) Los 10 años siguientes.
d) La separación del servicio es definitiva.

12. Según el art. 72.2 del Estatuto Marco, tendrá la consideración de falta muy grave:

a) Intervenir en un procedimiento administrativo cuando se dé alguna de las causas de abstención legalmente señaladas.
b) Toda actuación que suponga discriminación por razones ideológicas, morales, políticas, sindicales, de raza, lengua, género, religión o circunstancias económicas, personales o sociales, tanto del personal como de los usuarios.
c) El incumplimiento injustificado de la jornada de trabajo que acumulado suponga más de 20 horas al mes.
d) La incorrección con los superiores, compañeros, subordinados o usuarios.

13. De las siguientes, la sanción que se aplicará al personal estatutario por la comisión de falta grave será:

a) Suspensión de funciones.
b) Traslado forzoso con cambio de localidad.
c) Separación del servicio.
d) Apercibimiento.

14. Las Comunidades Autónomas, en el ámbito de sus competencias, determinarán la limitación máxima de la jornada a tiempo parcial respecto a la jornada completa, con el límite máximo del:

a) Setenta y cinco por ciento de la jornada ordinaria, en cómputo anual.
b) Veinticinco por ciento de la jornada ordinaria, en cómputo anual.
c) Sesenta por ciento de la jornada ordinaria, en cómputo anual.
d) Cincuenta por ciento de la jornada ordinaria, en cómputo anual.

15. Solo una de las siguientes afirmaciones referidas a la "movilidad voluntaria" es cierta dentro de las prescripciones del Estatuto Marco del personal estatutario. ¿Cuál?

a) Los procedimientos se han de efectuar cada dos años.
b) Se garantiza en términos de igualdad efectiva entre los diferentes Servicios de Salud.
c) En casos excepcionales se pueden resolver los procedimientos por libre designación.
d) El plazo posesorio en el nuevo destino es siempre de un mes.

16. Entre los derechos reconocidos en el mismo Estatuto Marco (artículo 50) a los profesionales, está el de tener un periodo de descanso durante la jornada que no puede ser inferior a 15 minutos, siempre que la jornada:

a) Exceda de 6 horas continuadas.
b) Sea de seis horas continuadas.
c) No se tenga reducida por algún motivo.
d) Sea jornada ordinaria y no jornada complementaria.

17. Cuando de un procedimiento de movilidad se derive cambio del servicio de salud de destino, el Estatuto Marco establece un plazo posesorio de:

a) Un mes.
b) Treinta días.
c) Quince días.
d) Diez días.

18. Según el Estatuto Marco del personal estatutario, la situación de excedencia voluntaria por interés particular obliga a un periodo mínimo de permanencia en ella de:

a) Un año.
b) Dos años.
c) Doce meses.
d) No establece periodo mínimo.

19. De acuerdo con el régimen disciplinario del personal estatutario, se considera muy grave:

a) El abandono del servicio.
b) El abuso de autoridad en el ejercicio de sus funciones.
c) Falta de obediencia debida a los superiores.
d) La incorrección con los superiores, compañeros, subordinados o usuarios.

20. El personal estatutario que acceda a plaza de formación sanitaria especializada mediante residencia, será declarado en situación de:

a) Servicios especiales.
b) Servicios bajo otro régimen jurídico.
c) Excedencia voluntaria.
d) Excedencia por servicios en el sector público.

Solución al test n.º 7

1. c) De interinidad.

2. b) Técnicos superiores y Técnicos.

3. a) 2 años.

4. b) No podrán ser nombrados, y quedarán sin efecto sus actuaciones.

5. d) La incapacidad temporal.

6. a) Supondrá la simultánea declaración del interesado en la situación de excedencia voluntaria, salvo en el caso de que se hubiera perdido como consecuencia de incapacidad.

7. b) De 15 días.

8. d) La inamovilidad del puesto de trabajo.

9. d) Respetar la Constitución, el Estatuto de Autonomía correspondiente y el resto del ordenamiento jurídico.

10. c) El incumplimiento del deber de respeto a la Constitución o al respectivo Estatuto de Autonomía en el ejercicio de sus funciones.

11. a) Los 6 años siguientes.

12. b) Toda actuación que suponga discriminación por razones ideológicas, morales, políticas, sindicales, de raza, lengua, género, religión o circunstancias económicas, personales o sociales, tanto del personal como de los usuarios.

13. a) Suspensión de funciones.

14. a) Setenta y cinco por ciento de la jornada ordinaria, en cómputo anual.

15. b) Se garantiza en términos de igualdad efectiva entre los diferentes Servicios de Salud.

16. a) Exceda de 6 horas continuadas.

17. a) Un mes.

18. b) Dos años.

19. a) El abandono del servicio.

20. a) Servicios especiales.

TEST N.º 8

El Procedimiento Administrativo Común de las Administraciones Públicas: Disposiciones Generales. Cómputo de plazos. Objeto y plazos de los recursos administrativos. El Régimen Jurídico del Sector Público: Disposiciones Generales

1. Según el artículo 3 de la Ley 40/2015, uno de los principios de acuerdo con los que actúa la Administración Pública es el de buena fe, confianza legítima y:

a) Lealtad institucional.
b) Proximidad a los ciudadanos.
c) Servicio efectivo a los ciudadanos.
d) Responsabilidad.

2. Según el artículo 3 de la Ley 40/2015, uno de los principios de acuerdo con los que actúa la Administración Pública es el de simplicidad, claridad y:

a) Economía.
b) Eficacia.
c) Proximidad a los ciudadanos.
d) Racionalización.

3. Según el artículo 3 de la Ley 40/2015, uno de los principios de acuerdo con los que actúa la Administración Pública es el de participación, objetividad y:

a) Transparencia de la actuación administrativa.
b) Evaluación de los resultados.
c) Adecuación estricta de los medios a los fines institucionales.
d) Colaboración.

4. Según el artículo 3 de la Ley 40/2015, uno de los principios de acuerdo con los que actúa la Administración Pública es el de racionalización y agilidad de los procedimientos administrativos y de:

a) Las políticas públicas.
b) Las actividades materiales de gestión.

c) Las asignaciones de los recursos públicos.

d) La evaluación de los resultados de las políticas públicas.

5. Señala la respuesta correcta respecto al cómputo de plazos:

a) Salvo que por Ley o en el Derecho de la Unión Europea se disponga otro cómputo, cuando los plazos se señalen por horas, se entiende que estas son naturales.

b) Siempre que por Ley o en el Derecho de la Unión Europea no se exprese otro cómputo, cuando los plazos se señalen por días, se entiende que estos son naturales, incluyéndose en el cómputo los sábados, los domingos y los declarados festivos.

c) Los plazos expresados en días se contarán desde el mismo día en que tenga lugar la notificación o publicación del acto de que se trate, o desde el siguiente a aquel en que se produzca la estimación o la desestimación por silencio administrativo.

d) Cuando un día fuese hábil en el municipio o Comunidad Autónoma en que residiese el interesado, e inhábil en la sede del órgano administrativo, o a la inversa, se considerará inhábil en todo caso.

6. Señala la respuesta incorrecta respecto al cómputo de los plazos:

a) Cuando los plazos se hayan señalado por días naturales por declararlo así una ley o por el Derecho de la Unión Europea, se hará constar esta circunstancia en las correspondientes notificaciones.

b) Cuando el último día del plazo sea inhábil, se entenderá prorrogado al primer día hábil siguiente.

c) Los plazos expresados por horas se contarán de hora en hora y de minuto en minuto desde la hora y minuto en que tenga lugar la notificación o publicación del acto de que se trate y no podrán tener una duración superior a veinticuatro horas, en cuyo caso se expresarán en días.

d) La declaración de un día como hábil o inhábil a efectos de cómputo de plazos determina por sí sola el funcionamiento de los centros de trabajo de las Administraciones Públicas, la organización del tiempo de trabajo así como el régimen de jornada y horarios de las mismas.

7. El registro electrónico permite la presentación de documentos:

a) De lunes a viernes de 8 a 15 horas.

b) De lunes a viernes de 8 a 21 horas.

c) Todos los días del año de 8 a 21 horas.

d) Todos los días del año durante las veinticuatro horas.

8. ¿En qué caso podrá ser objeto de ampliación un plazo ya vencido?

a) En los procedimientos tramitados por las misiones diplomáticas y oficinas consulares.

b) En aquellos que, sustanciándose en el interior, exijan cumplimentar algún trámite en el extranjero o en los que intervengan interesados residentes fuera de España.

c) Siempre que así lo considere oportuno, y lo fundamente, el Instructor del procedimiento.
d) En ningún caso.

9. Cuando razones de interés público lo aconsejen, se podrá acordar, de oficio o a petición del interesado, la aplicación al procedimiento de la tramitación de urgencia, por la cual se reducirán a la mitad los plazos establecidos para el procedimiento ordinario, salvo:

a) Los relativos a la presentación de solicitudes.
b) Los relativos a la presentación de recursos.
c) Las respuestas a) y b) son correctas.
d) Ninguna respuesta es correcta.

10. ¿De qué plazo disponen los interesados durante el trámite de audiencia para alegar y presentar los documentos y justificaciones que estimen pertinentes?

a) No inferior a quince ni superior a un mes.
b) No inferior a diez días ni superior a quince.
c) Quince días.
d) Siete días hábiles.

11. A tenor del art. 84 de la Ley 39/2015, de 1 de octubre, del Procedimiento Administrativo Común de las Administraciones Públicas, pondrán fin al procedimiento la resolución:

a) El desistimiento.
b) La renuncia al derecho en que se funde la solicitud.
c) La declaración de caducidad.
d) Todas las respuestas son correctas.

12. ¿Cuál es la forma especial de terminación del procedimiento administrativo?

a) La resolución.
b) La declaración de caducidad.
c) La terminación convencional.
d) El desistimiento.

13. El acuerdo de realización de actuaciones complementarias se notificará a los interesados, concediéndoseles un plazo para formular las alegaciones que tengan por pertinentes tras la finalización de las mismas, de:

a) Siete días.
b) Diez días.
c) Quince días.
d) Un mes.

14. En los procedimientos iniciados a solicitud del interesado, cuando se produz-ca su paralización por causa imputable al mismo, la Administración le advertirá de que se producirá la caducidad del procedimiento, transcurrido:

a) Quince días.
b) Veinte días.
c) Un mes.
d) Tres meses.

15. Señala la respuesta incorrecta respecto a la caducidad:

a) La caducidad no producirá por sí sola la prescripción de las acciones del particular o de la Administración, pero los procedimientos caducados interrumpirán el plazo de prescripción.
b) No podrá acordarse la caducidad por la simple inactividad del interesado en la cum-plimentación de trámites, siempre que no sean indispensables para dictar resolución.
c) Podrá no ser aplicable la caducidad en el supuesto de que la cuestión suscitada afecte al interés general, o fuera conveniente sustanciarla para su definición y esclarecimiento.
d) En los casos en los que sea posible la iniciación de un nuevo procedimiento por no haberse producido la prescripción, podrán incorporarse a este los actos y trámites cuyo contenido se hubiera mantenido igual de no haberse producido la caducidad.

16. ¿Qué recurso cabe contra el acuerdo de acumulación?

a) Ninguno.
b) Recurso de alzada.
c) Recurso de reposición.
d) Recurso extraordinario de revisión.

17. Señala la respuesta incorrecta respecto a la información pública:

a) La incomparecencia en este trámite podrá impedir a los interesados interponer los recursos procedentes contra la resolución definitiva del procedimiento.
b) El órgano al que corresponda la resolución del procedimiento, cuando la naturale-za de este lo requiera, podrá acordar un período de información pública.
c) La comparecencia en el trámite de información pública no otorga, por sí misma, la condición de interesado.
d) Quienes presenten alegaciones u observaciones en este trámite tienen derecho a obtener de la Administración una respuesta razonada, que podrá ser común para todas aquellas alegaciones que planteen cuestiones sustancialmente iguales.

18. Indica cuál de las siguientes no es una de las formas anormales de termina-ción del procedimiento administrativo:

a) La declaración de caducidad.
b) El desistimiento.

c) La renuncia al derecho en que se funde la solicitud.
d) La resolución.

19. Las actuaciones complementarias deberán practicarse en un plazo no superior a:

a) Diez días.
b) Quince días.
c) Veinte días.
d) Un mes.

20. ¿En qué supuesto excepcional se podrá imponer una sanción sin que se haya tramitado el oportuno procedimiento?

a) En casos de urgencia.
b) En aquellos supuestos donde no dé lugar a dudas la imposición de la sanción.
c) Únicamente en aquellos supuestos donde una norma con rango de ley así lo determine.
d) En ningún caso.

En MADTEST tienes **más preguntas de este tema** y todos tus avances quedan registrados y se reflejan en el ranking.

¡Supera tus límites con MADTEST!

Solución al test n.º 8

1. a) Lealtad institucional.

2. c) Proximidad a los ciudadanos.

3. a) Transparencia de la actuación administrativa.

4. b) Las actividades materiales de gestión.

5. d) Cuando un día fuese hábil en el municipio o Comunidad Autónoma en que residiese el interesado, e inhábil en la sede del órgano administrativo, o a la inversa, se considerará inhábil en todo caso.

6. d) La declaración de un día como hábil o inhábil a efectos de cómputo de plazos determina por sí sola el funcionamiento de los centros de trabajo de las Administraciones Públicas, la organización del tiempo de trabajo así como el régimen de jornada y horarios de las mismas.

7. d) Todos los días del año durante las veinticuatro horas.

8. d) En ningún caso.

9. c) Las respuestas a) y b) son correctas.

10. b) No inferior a diez días ni superior a quince.

11. d) Todas las respuestas son correctas.

12. c) La terminación convencional.

13. a) Siete días.

14. d) Tres meses.

15. a) La caducidad no producirá por sí sola la prescripción de las acciones del particular o de la Administración, pero los procedimientos caducados interrumpirán el plazo de prescripción.

16. a) Ninguno.

17. a) La incomparecencia en este trámite podrá impedir a los interesados interponer los recursos procedentes contra la resolución definitiva del procedimiento.

18. d) La resolución.

19. b) Quince días.

20. d) En ningún caso.

TEST N.º 9

Ley de Prevención de Riesgos Laborales: Conceptos básicos. Derechos y obligaciones en materia de seguridad en el trabajo. Organización de la prevención de riesgos laborales en la Comunidad Autónoma de Aragón. Distribución de funciones y responsabilidades en materia de prevención de riesgos laborales entre los diferentes órganos del Servicio Aragonés de Salud

1. ¿Cuál es la vigente Ley de Prevención de Riesgos Laborales?

a) Ley 32/1995, de 8 de noviembre.
b) Ley 30/1996, de 8 de noviembre.
c) Ley 31/1995, de 6 de noviembre.
d) Ley 31/1995, de 8 de noviembre.

2. La Ley de Prevención de Riesgos laborales, tiene por objeto:

a) Prevenir los accidentes en general.
b) Evitar riesgos en el recorrido al puesto de trabajo.
c) Promover la seguridad y la salud de los trabajadores.
d) Que cada vez haya menos accidentes de tráfico.

3. ¿Qué se entiende por "riesgo laboral"?

a) La posibilidad de que un trabajador sufra un determinado daño derivado del trabajo.
b) La posibilidad de que un trabajador sufra una enfermedad en el trabajo.
c) La posibilidad de que un trabajador sufra acoso.
d) El riesgo que supone el ir a trabajar.

4. Indica cuál es la definición de prevención:

a) La probabilidad racional de que un riesgo se materialice de forma inminente.
b) El estudio de los procesos potencialmente peligrosos para el trabajo.
c) Conjunto de actividades o medidas adoptadas o previstas en todas las fases de actividad de la empresa con el fin de evitar o disminuir los riesgos derivados del trabajo.
d) Posibilidad de que un trabajador sufra un determinado daño derivado del trabajo.

5. Según establece el art. 4 de la Ley 31/1995, de 8 de noviembre, de Prevención de Riesgos Laborales, se define como daños derivados del trabajo:

a) La posibilidad de que un trabajador sufra un determinado daño derivado del trabajo.

b) El que resulte probable racionalmente que se materialice en un futuro inmediato y pueda suponer y pueda suponer un daño grave para la salud de los trabajadores.

c) Las enfermedades, patologías o lesiones sufridas con motivo u ocasión del trabajo.

d) Cualquier máquina, aparato, instrumento o instalación utilizada en el trabajo.

6. Señala la respuesta incorrecta:

a) La Ley de Prevención de Riesgos Laborales se aplica a los operativos de Seguridad civil en casos de catástrofe.

b) La Ley de Prevención de Riesgos Laborales se aplica a las sociedades cooperativas.

c) En el ámbito de la relación laboral de carácter especial del servicio del hogar familiar, las personas trabajadoras tienen derecho a una protección eficaz en materia de seguridad y salud en el trabajo.

d) En los establecimientos penitenciarios, se adaptarán a la Ley de Prevención de Riesgos Laborales aquellas actividades cuyas características justifiquen una regulación especial.

7. Para calificar un riesgo desde el punto de vista de su gravedad, se valorarán conjuntamente la severidad del daño y:

a) La probabilidad de que se produzca.

b) La cantidad de trabajadores de la empresa.

c) La existencia o no de equipos individuales de protección.

d) Las condiciones de trabajo.

8. Con el objetivo de detectar y prevenir posibles situaciones en las que los daños derivados del trabajo puedan aparecer vinculados con el sexo de los trabajadores, las Administraciones Públicas promoverán la efectividad del principio de:

a) Corresponsabilidad.

b) Igualdad entre mujeres y hombres.

c) Discriminación positiva.

d) Protección de la maternidad.

9. Según el artículo 8.2 de la Ley 31/1995, el Instituto Nacional de Seguridad y Salud en el Trabajo, en el marco de sus funciones, velará por la coordinación, apoyará el intercambio de información y las experiencias entre las distintas Administraciones públicas y especialmente fomentará y prestará apoyo a la realización de actividades de promoción de la seguridad y de la salud por las Comunidades Autónomas. Asimismo, prestará, de acuerdo con las Administraciones competentes, apoyo técnico especializado en materia de certificación, ensayo y:

a) Evaluación.

b) Normalización.

c) Divulgación.
d) Acreditación.

10. La regulación de los requisitos mínimos que deben reunir las condiciones de trabajo para la protección de la seguridad y la salud de los trabajadores, corresponde a:

a) Las Cortes Generales.
b) El Gobierno de la nación, previa consulta a las organizaciones sindicales y empresariales más representativas.
c) El Consejo de Gobierno de cada Comunidad Autónoma; por delegación del Consejo de Ministros.
d) Los Convenios Colectivos.

11. La Comisión Nacional de Seguridad y Salud en el Trabajo, está compuesta por:

a) Representantes de las organizaciones sindicales y empresariales.
b) Un representante de cada una de las Comunidades Autónomas y representantes de las organizaciones sindicales y empresariales.
c) Representantes de la Administración y representantes de las organizaciones sindicales y empresariales.
d) Un representante de cada una de las Comunidades Autónomas y por igual número de miembros de la Administración General del Estado y, paritariamente con todos los anteriores, por representantes de las organizaciones empresariales y sindicales más representativas.

12. La función de vigilancia y control de la normativa sobre prevención de riesgos laborales corresponde:

a) A la Dirección General de Personal y Desarrollo Profesional.
b) A la Delegación Provincial de Trabajo.
c) A la Inspección de Trabajo y Seguridad Social.
d) Al Servicio de Medicina Preventiva.

13. Entre los principios de la acción preventiva recogidos por el artículo 15 de la Ley de Prevención de Riesgos Laborales, no figura:

a) Evitar los riesgos.
b) Evaluar los riesgos que se puedan evitar.
c) Tener en cuenta la evolución de la técnica.
d) Dar las debidas instrucciones a los trabajadores.

14. Los instrumentos esenciales para la gestión y aplicación del Plan de prevención de riesgos laborales son

a) La evaluación de riesgos y la planificación de la actividad preventiva.
b) La evaluación inicial de riesgos y la formación.

c) La planificación y la gestión de la actividad preventiva.

d) La identificación y la evaluación de los riesgos.

15. Según la Ley de Prevención de Riesgos Laborales, es obligación de los trabajadores en materia de prevención de riesgos:

a) La protección eficaz en materia de seguridad y salud en el trabajo.

b) Utilizar correctamente los medios y equipos de protección facilitados por el empresario, de acuerdo con las instrucciones recibidas de éste.

c) Soportar el coste de las medidas relativas a la seguridad y la salud en el trabajo.

d) Desarrollar una acción permanente de seguimiento de la actividad preventiva.

16. Cuando los trabajadores estén expuestos a un riesgo grave e inminente con ocasión de su trabajo, y el empresario no adopte o no permita la adopción de las medidas necesarias para garantizar la seguridad y la salud de los trabajadores, la Ley 31/1995, de 8 de noviembre, de Prevención de Riesgos Laborales prevé que:

a) Los trabajadores afectados podrán paralizar la actividad.

b) El órgano de representación del personal instará formalmente al empresario a la adopción de las medidas necesarias.

c) Los Delegados de Prevención lo comunicarán a la autoridad laboral, que adoptará las medidas necesarias.

d) El órgano de representación de personal podrá acordar la paralización de la actividad.

17. El posible cambio de puesto de trabajo con riesgo para una trabajadora embarazada

a) Deberá realizarse en caso de imposibilidad de adaptación del propio puesto.

b) Se hará previo informe en tal sentido del Servicio de Prevención.

c) Se determinará por el empresario, y dará información a los representantes de los trabajadores.

d) Se extenderá al período de lactancia.

18. ¿Cuándo se deben utilizar los equipos de protección individual?:

a) Siempre.

b) Cuando los riesgos no hayan sido evaluados.

c) Cuando los riesgos no se puedan evitar o no puedan limitarse.

d) Cuando el trabajador lo estime oportuno.

19. Según el artículo 19 de la Ley de Prevención de Riesgos Laborales, la formación teórica y práctica en materia preventiva deberá:

a) Impartirse en horario dentro de la jornada de trabajo.

b) Impartirse por igual en jornada de trabajo y fuera del horario de trabajo.

c) Impartirse, siempre que sea posible, dentro de la jornada de trabajo o, en su defecto, en otras horas, pero con el descuento en aquella del tiempo invertido en la misma.

d) La formación teórica siempre debe ser en horario dentro de la jornada de trabajo y la formación práctica puede impartirse tanto dentro como fuera de la jornada de trabajo.

20. Las trabajadoras embarazadas ¿tienen derecho a ausentarse del trabajo para la realización de exámenes prenatales y técnicas de preparación al parto?

a) Sí, con derecho a remuneración, previo aviso al empresario y justificación de la necesidad de su realización dentro de la jornada de trabajo.

b) Sí, con derecho a remuneración, sin necesidad de avisar al empresario ni justificar la necesidad de su realización dentro de la jornada de trabajo.

c) Sí, sin derecho a remuneración, previo aviso al empresario y justificación de la necesidad de su realización dentro de la jornada de trabajo.

d) No, en ningún caso.

Solución al test n.º 9

1. d) Ley 31/1995, de 8 de noviembre.

2. c) Promover la seguridad y la salud de los trabajadores.

3. a) La posibilidad de que un trabajador sufra un determinado daño derivado del trabajo.

4. c) Conjunto de actividades o medidas adoptadas o previstas en todas las fases de actividad de la empresa con el fin de evitar o disminuir los riesgos derivados del trabajo.

5. c) Las enfermedades, patologías o lesiones sufridas con motivo u ocasión del trabajo.

6. a) La Ley de Prevención de Riesgos Laborales se aplica a los operativos de Seguridad civil en casos de catástrofe.

7. a) La probabilidad de que se produzca.

8. b) Igualdad entre mujeres y hombres.

9. d) Acreditación.

10. b) El Gobierno de la nación, previa consulta a las organizaciones sindicales y empresariales más representativas.

11. d) Un representante de cada una de las Comunidades Autónomas y por igual número de miembros de la Administración General del Estado y, paritariamente con todos los anteriores, por representantes de las organizaciones empresariales y sindicales más representativas.

12. c) A la Inspección de Trabajo y Seguridad Social.

13. b) Evaluar los riesgos que se puedan evitar.

14. a) La evaluación de riesgos y la planificación de la actividad preventiva.

15. b) Utilizar correctamente los medios y equipos de protección facilitados por el empresario, de acuerdo con las instrucciones recibidas de éste.

16. d) El órgano de representación de personal podrá acordar la paralización de la actividad.

17. a) Deberá realizarse en caso de imposibilidad de adaptación del propio puesto.

18. c) Cuando los riesgos no se puedan evitar o no puedan limitarse.

19. c) Impartirse, siempre que sea posible, dentro de la jornada de trabajo o, en su defecto, en otras horas, pero con el descuento en aquella del tiempo invertido en la misma.

20. a) Sí, con derecho a remuneración, previo aviso al empresario y justificación de la necesidad de su realización dentro de la jornada de trabajo.

Materia Específica

TEST N.º 10

La alimentación integral en los hospitales. El trabajo en equipo. El Servicio de Nutrición Clínica y el Servicio de Medicina Preventiva. El concepto de calidad en hostelería

1. Todas las afirmaciones que se exponen son ciertas excepto:

a) La función del Hospital es la asistencia sanitaria especializada.

b) En la salud del paciente hospitalizado influyen elementos que le hacen sentirse más cómodo durante su ingreso, interviniendo por tanto en su estado de ánimo y en su recuperación.

c) El objetivo del Hospital consiste en el diagnóstico, tratamiento y recuperación de la población enferma.

d) La OMS define la salud como la ausencia de enfermedad, sin que intervenga sobre ellas otros aspectos de índole cultural o social.

2. ¿Qué afirmación respecto a la alimentación del enfermo en el hospital es incorrecta?

a) La alimentación debe aportar los nutrientes esenciales, una cantidad concreta de calorías y en ocasiones estar sujeta a limitaciones o incluso prohibiciones de alguno de sus nutrientes.

b) La alimentación en el hospital debe poseer características que resulten agradables a los sentidos, como el olor, el sabor, la textura o la presentación.

c) El enfermo muchas veces suele ver la comida como una obligación impuesta.

d) Para que la alimentación en el hospital tenga un sentido integral, ésta será exclusivamente responsabilidad de un solo servicio (Servicio de Cocina Hospitalaria), llevando la gestión, planificación, elaboración y distribución de la comida; y se coordinará sólo con Medicina Preventiva y Departamento de Nutrición del mismo hospital.

3. El Servicio de Alimentación en el Hospital debe ser:

a) Por especialidades.
b) Generoso.
c) Integral.
d) No planificado.

4. ¿Qué aspecto de los que se nombrar es cierto de los Servicios del Hospital que participan en la alimentación integral?

a) La definición de los platos que componen cada tipo de dieta para que cumplan unos requisitos nutritivos específicos, es función del Servicio de Medicina Preventiva.

b) El médico no prescribe la dieta del paciente a nivel hospitalario como parte del tratamiento, sino por el hecho de cubrir sus necesidades nutricionales.

c) El personal de enfermería destinado en la planta de hospitalización es el que realiza la solicitud de estas dietas, su reparto y la administración al enfermo.

d) Todo lo anterior es cierto.

5. ¿De quién es función dentro del Hospital de la definición de los platos que componen cada tipo de dieta para que se cumplan los requisitos nutritivos específicos?

a) Del médico prescriptor de la dieta.

b) Del Servicio de Medicina Preventiva.

c) Del Servicio de Enfermería de planta.

d) Del Servicio de Nutrición Clínica.

6. ¿Qué beneficios de estos aporta el trabajo en equipo?

a) Aumenta la motivación de los profesionales.

b) Hay una mayor optimización de los recursos materiales y humanos.

c) Mejora la calidad de los resultados, con una mayor satisfacción percibida por el paciente y su familia.

d) Todo lo anterior es cierto.

7. Para que un equipo de trabajo sea eficiente, ¿qué cualidad es aquella que se caracteriza por la realización de protocolos y guías de actuación, llevadas a cabo por los miembros del equipo y donde un responsable bien definido a la cabeza actúa sobre los mismos para que de forma organizada saquen el proyecto de trabajo adelante?

a) Valoración.

b) Coordinación.

c) Solidaridad.

d) Motivación.

8. ¿Qué cualidad de un equipo de trabajo eficiente se caracteriza por la interdependencia positiva entre las personas participantes en un equipo?

a) Compromiso.

b) Aprendizaje.

c) Confianza.
d) Empatía.

9. Para que un equipo funcione, es fundamental que:

a) Esté cohesionado.
b) Lo formen al menos cinco miembros.
c) Nadie sea responsable del mismo.
d) Hay una interdependencia negativa entre sus miembros.

10. ¿Cuál es el número recomendado de miembros en los equipos de trabajo? De aproximadamente:

a) 5.
b) 10.
c) 15.
d) 20.

11. ¿Quién lleva a cabo la regulación de las normas de seguridad e higiene que afecten a cualquier aspecto del Hospital?

a) Servicio de Medicina Preventiva.
b) Servicio de Nutrición Clínica.
c) Gerencia Hospitalaria.
d) Servicio de Medicina Interna.

12. ¿Qué servicio en el Hospital es el encargado de garantizar las condiciones óptimas de higiene en la cocina del hospital?

a) Servicio de Higiene en el Trabajo.
b) Servicio de Medicina Interna.
c) Servicio de Medicina Preventiva.
d) Servicio de Nutrición Clínica.

13. ¿Quiénes son los responsables de la supervisión de la distribución de las dietas en la cinta de emplatado, atender y solucionar las peticiones de las plantas sobre modificaciones o errores en las dietas?

a) Dietistas.
b) Pinches.
c) Preventivistas.
d) Internista.

14. ¿Quién coordina los cambios en algún menú, cuando sea imprescindible hacerlo? Debe ser de acuerdo entre:

a) Jefe de cocina y dietista.
b) Jefe de dietética y pinche.
c) Jefe de enfermería de planta y dietista.
d) Facultativo internista y jefe de cocina.

15. ¿Quién realiza el reparto de bandejas en planta?

a) Enfermera de planta.
b) Auxiliar de planta.
c) Pinche de planta.
d) Cualquiera de los anteriores.

16. ¿Quién tiene la función de la supervisión del reparto bandejas en planta?

a) Enfermera de planta.
b) Dietista de planta.
c) Dietista de cocina.
d) Ninguno de los anteriores.

17. ¿Qué deben poseer los hospitales que, por su tamaño o especiales características, no dispongan de una Unidad de Nutrición Clínica y Dietética?

a) Una Unidad de Bromatología.
b) Una Unidad de Nutrición.
c) Una Comisión Médica/nutricional.
d) Una Comisión de alimentación.

18. ¿Qué criterios definirán las características higiénico-sanitarias de la materia prima a utilizar, así como los tipos a utilizar?

a) Criterios para la gestión de compra y aprovisionamiento
b) Criterios mínimos de la materia prima.
c) Criterios de conservación de alimentos.
d) Criterios de calidad del producto final.

19. ¿Qué marca de calidad turística goza de gran prestigio, y se otorga solo a los establecimientos que garanticen los niveles de calidad esperados, respetando los criterios establecidos en las Normas?

a) K.
b) P.
c) Q.
d) R.

20. ¿Qué fase del procedimiento a seguir en cualquier sistema de calidad es aquella en la que los mecanismos de control y evaluación permitirán conocer si los resultados obtenidos se corresponden con los esperados?

a) Evaluación.
b) Notificación.
c) Corrección.
d) Acción.

En MADTEST tienes **más preguntas de este tema** y todos tus avances quedan registrados y se reflejan en el ranking.

¡Supera tus límites con MADTEST!

Solución al test nº 10

1. d) La OMS define la salud como la ausencia de enfermedad, sin que intervenga sobre ellas otros aspectos de índole cultural o social.

2. d) Para que la alimentación en el hospital tenga un sentido integral, ésta será exclusivamente responsabilidad de un solo servicio (Servicio de Cocina Hospitalaria), llevando la gestión, planificación, elaboración y distribución de la comida; y se coordinará sólo con Medicina Preventiva y Departamento de Nutrición del mismo hospital.

3. c) Integral.

4. c) El personal de enfermería destinado en la planta de hospitalización es el que realiza la solicitud de estas dietas, su reparto y la administración al enfermo.

5. d) Del Servicio de Nutrición Clínica.

6. d) Todo lo anterior es cierto.

7. b) Coordinación.

8. b) Aprendizaje.

9. a) Esté cohesionado.

10. b) 10.

11. a) Servicio de Medicina Preventiva.

12. c) Servicio de Medicina Preventiva.

13. a) Dietistas.

14. a) Jefe de Cocina y dietista.

15. b) Auxiliar de planta.

16. c) Dietista de cocina.

17. d) Una Comisión de alimentación.

18. b) Criterios mínimos de la materia prima.

19. c) Q.

20. b) Notificación.

TEST N.º 11

Cocina hospitalaria centralizada, el concepto de marcha adelante, organización equipamiento y distribución. Secciones de preparación, emplatado, distribución a las plantas hospitalarias. Transporte y recogida, la limpieza de la vajilla y demás útiles de trabajo

1. ¿Cómo han de ser los techos de una cocina para colectividades?

a) Estarán construidos de forma que no se acumule polvo.
b) De fácil limpieza.
c) Protecciones para evitar cualquier tipo de accidente por rotura.
d) Todas son correctas.

2. El nivel de iluminación que debe reunir un local de cocina estará calculado para un valor de:

a) 100 lux.
b) 200 lux
c) 500 lux.
d) 800 lux.

3. ¿Qué criterio se tendrá en cuenta a la hora de colocar las máquinas y utensilios de cocina?

a) Que ocupen el menor espacio posible.
b) Que permitan el acceso para su limpieza.
c) Que queden en el centro de la cocina.
d) Todas las respuestas son correctas.

4. En una cocina centralizada, ¿hacia dónde irán los flujos de aire?

a) Hacia la entrada.
b) Hacia la zona limpia.

c) Hacia la zona sucia.
d) Hacia la zona de distribución por ser la fase final del proceso.

5. ¿Qué accesos en cocina deben estar bien diferenciados y no coincidir?

a) Salida de carros con la comida y entrada de carros con la vajilla sucia.
b) Salida de carros con la comida y entrada de carros con restos de comida.
c) Salida de carros con la comida y salida de basuras.
d) Todas las respuestas son correctas.

6. ¿Dónde existirán rustideras como dotación de partida de Unidad de Cocina?

a) Partida de Salsero.
b) Partida de cuarto frío.
c) Partida de Entremetier o entremesero.
d) Son ciertas las respuestas a) y c).

7. ¿A qué principio atenderá la manera en la que se debe hacer la distribución de equipos en la cocina hospitalaria?

a) Se basará en el principio de marcha adelante.
b) Se basará en el principio de separación de zonas de trabajo.
c) Se basará en el principio de conexión entre las distintas fases del proceso.
d) Se atenderá atendiendo a todos los anteriores principios.

8. Respecto a la ventilación de la cocina hospitalaria centralizada todo será cierto, excepto que:

a) Podrá ser natural.
b) Podrá ser artificial.
c) Tendrá siempre un sistema de renovación de aires.
d) Los flujos de aire irán desde las "zonas sucias" a las "zonas limpias".

9. ¿Para qué se utiliza el baño María?

a) Se usa para mantener calientes ciertas elaboraciones.
b) Para asar.
c) Para elaborar salsas, hervidos, purés, cremas.
d) Se utiliza para la cocción de pequeñas cantidades de producto.

10. ¿Para qué se utiliza un tamiz?

a) Para batir.
b) Para homogeneizar el grosor de ciertos alimentos como la harina.
c) Para decorar o rellenar con masa o crema.
d) Para rebañar las mezclas o masas.

11. ¿Qué función tiene la campana extractora en cocina?

a) Absorber los vapores y gases desprendidos en la cocción.
b) Reducir la temperatura desprendida durante la cocción.
c) Mover el aire interno de la cocina para evitar que se concentren vapores.
d) Emitir aire frío.

12. ¿Qué equipos se utilizan en cocinas industriales?

a) Generadores de calor.
b) Generadores de frío.
c) Las respuestas a) y b) son correctas.
d) Las respuestas a) y b) son falsas.

13. ¿Qué precaución se ha de tomar en el momento de limpiar una freidora?

a) Que esté desconectada.
b) Que el aceite no esté todavía caliente.
c) Vaciar la cubeta.
d) Todas las respuestas son ciertas.

14. ¿Qué ventajas presenta la cocción al baño María?

a) Evita la deshidratación.
b) Respeta la estructura natural del alimento.
c) Potencia los aromas y sabores.
d) Todas las respuestas son correctas.

15. ¿Qué características tendrá un cuchillo de cocina?

a) El peso del cuchillo se distribuirá adecuadamente entre la hoja y el mango.
b) Estará bien afilado.
c) Los mangos serán resistentes.
d) Todas las respuestas anteriores son correctas.

16. ¿Dónde se montan las bandejas para su servicio?

a) En la zona de preparación.
b) En la zona de recepción.
c) En la cinta de emplatado.
d) En la mesa caliente.

17. ¿Qué característica tiene la cinta de emplatado?

a) Es móvil y de velocidad fija o regulable.
b) Tiene entre 10 y 15 metros de ancho.

c) Sirve para la distribución de las bandejas una vez montadas.
d) Las respuestas a) y c) son correctas.

18. Indica la característica correcta de las bandejas isotérmicas:

a) No lleva tapa.
b) Ayuda a calentar el alimento.
c) Mantienen la temperatura de los alimentos.
d) Todas las respuestas son correctas.

19. El traslado del carro con los restos de comida forma parte de las operaciones:

a) Del circuito sucio.
b) Del circuito limpio.
c) De desinfección.
d) De higienización.

20. ¿En qué consiste el desbarase o desbarasado de bandejas?

a) En la retirada de todos los elementos utilizados y la eliminación de los restos de comida.
b) En la desinfección de estas.
c) En la colocación adecuada de la comida y elementos utilizados.
d) Es el proceso mediante el cual se limpian y pulen las bandejas para su reciclaje.

En MADTEST tienes **más preguntas de este tema** y todos tus avances quedan registrados y se reflejan en el ranking.

¡Supera tus límites con MADTEST!

Solución al test nº 11

1. d) Todas son correctas.

2. c) 500 lux.

3. b) Que permitan el acceso para su limpieza.

4. c) Hacia la zona sucia.

5. d) Todas las respuestas son correctas.

6. d) Son ciertas a) y c).

7. d) Se atenderá atendiendo a todos los anteriores principios.

8. d) Los flujos de aire irán desde las "zonas sucias" a las "zonas limpias".

9. a) Se usa para mantener calientes ciertas elaboraciones.

10. b) Para homogeneizar el grosor de ciertos alimentos como la harina.

11. a) Absorber los vapores y gases desprendidos en la cocción.

12. c) Las respuestas a) y b) son correctas.

13. d) Todas las respuestas son ciertas.

14. d) Todas las respuestas son correctas.

15. d) Todas las respuestas anteriores son correctas.

16. c) En la cinta de emplatado.

17. a) Es móvil y de velocidad fija o regulable.

18. c) Mantienen la temperatura de los alimentos.

19. a) Del circuito sucio.

20. a) En la retirada de todos los elementos utilizados y la eliminación de los restos de comida.

TEST N.º 12

Distribución del trabajo en la cocina. Categorías profesionales dentro de la cocina. Misiones. Obligaciones y atribuciones de cada distribución del trabajo en la cocina. Misión de cada grupo. Orden de trabajo diario en la cocina. Aprovechamiento de los restos de los géneros cocinados. Ahorro de gastos inútiles

1. ¿Qué afirmación es incorrecta sobre el proceso de producción en cocina?

a) Se exige la separación de zonas de trabajo y el establecimiento de circuitos.
b) El flujo del proceso debe asegurar la calidad higiénica y alimentaria de los menús.
c) Debe tener un flujo discontinuo, para cada comida que se da en un día.
d) Debe de seguir el principio de marcha adelante, y evitar las contaminaciones cruzadas.

2. ¿En qué tipo de elementos se divide la Cocina Hospitalaria?

a) Viandas.
b) Partidas.
c) Circuitos.
d) Categorías.

3. ¿Qué profesionales pueden faltar en una partida en la Cocina Hospitalaria?

a) Jefe de partida y el/los pinche/es (sólo con cocineros/os).
b) Jefe de partida.
c) El/los pinche/es.
d) Nadie, deben estar el Jefe de partida, cocinero/os, y pinche/es.

4. ¿Cuántas partidas suelen existir básicamente en la Cocina Hospitalaria?

a) 3.
b) 4.
c) 5.
d) 6.

5. ¿En qué partida generalmente se elaboran los segundos platos y los platos "fuertes"?

a) Salsero.
b) Entremetier.
c) Despensero.
d) Pastelero.

6. ¿Qué partida prepara primeros platos calientes, guarniciones, y algunos fondos; así como elabora segundos platos a base de hortalizas?

a) Salsero.
b) Entremetier.
c) Despensero.
d) Pastelero.

7. ¿Qué otro nombre recibe la "partida de cuarto frío"?

a) Salsero.
b) Entremetier.
c) Despensero.
d) Pastelero.

8. ¿Qué función de estas realiza la partida de despensero?

a) Elaboración de salsas calientes y algunos fondos.
b) Confección de productos de repostería, bollería y panadería.
c) Elaboración de platos de carnes y aves, así como de los asados.
d) Despiece, limpieza y fileteado de carnes.

9. ¿Qué área funcional en Cocina Hospitalaria es segunda?

a) Cocina y economato.
b) Recepción-conserjería, relaciones públicas, administración y gestión.
c) Mantenimiento y servicios auxiliares. Área funcional sexta. Servicios complementarios.
d) Restaurante, sala, bar y similares; colectividades y pista para catering.

10. ¿En qué área funcional de la Cocina Hospitalaria está encuadrada la categoría profesional de ayudante de cocina?

a) Primera.
b) Segunda.
c) Tercera.
d) Cuarta.

11. ¿Qué funciones de estas posee el área funcional segunda de la Cocina Hospitalaria?

a) Adquisición, almacenamiento, conservación-administración de víveres y mercancías.
b) Servicios de preparación y elaboración de alimentos para consumo.
c) Limpieza y conservación de útiles, maquinarias y zonas de trabajo.
d) Son todas las anteriores.

12. ¿Qué categoría en el área funcional segunda de la Cocina Hospitalaria (cocina y economato) pertenece al grupo profesional segundo?

a) Jefe/a de partida.
b) Jefe/a catering.
c) Jefe/a cocina.
d) 2.º jefe/a cocina.

13. El auxiliar de cocina/economato del área funcional segunda de la Cocina Hospitalaria pertenece al grupo profesional:

a) Primero.
b) Segundo.
c) Tercero.
d) Cuarto.

14. ¿En qué turno intervendrán los pinches encargados de planchas?

a) Mañanas.
b) Tardes.
c) Noches.
d) Mañanas y tardes.

15. ¿Qué pinches con una determinada función no estará en el turno de tarde en cocina?

a) Los turmix.
b) Loncheado-estocaje.
c) Corrientes.
d) Estarán todos los anteriores.

16. ¿Qué personal de la cocina hospitalaria es el responsable del emplatado en la cinta de desayunos? Personal del grupo…

a) De cocina, en turno de la mañana.
b) De cocina, en turno de la tarde.
c) De planta, en turno de la mañana.
d) De planta, en turno de la mañana, con refuerzo del personal disponible.

17. ¿Quién será el responsable de designar el orden en el reparto de carros?

a) Auxiliar de Enfermería responsable.
b) Diplomado de Enfermería responsable.
c) Gobernanta.
d) Jefe de cocina en plantas.

18. ¿Cuál será de las funciones que se enumeran como la última en el orden de reparto de carros que tendrán los pinches de turno de tarde en planta?

a) Limpieza del túnel y recogida de local.
b) Preparación de cubos de la basura y repasar el menaje.
c) Controlar el ascensor.
d) Recoger restos de las bandejas de comidas.

19. Según la Resolución de 20 de enero de 2023, de la Dirección General de Trabajo, por la que se registra y publica el VI Acuerdo Laboral para el sector de la Hostelería–ALEH V, ¿qué grupo profesional en hostelería se encarga de la planificación, organización y supervisión de actividades dentro del establecimiento?

a) Grupo profesional tercero: Asistentes.
b) Grupo profesional segundo: Técnicos y especialistas.
c) Grupo profesional primero: Mandos.
d) Ninguna de las anteriores.

20. Según el VI Acuerdo Laboral para el sector de la Hostelería, ¿en qué área funcional se incluyen las actividades de recepción, conserjería y administración en hostelería?

a) Área funcional primera.
b) Área funcional segunda.
c) Área funcional tercera.
d) Área funcional cuarta.

En MADTEST tienes **más preguntas de este tema** y todos tus avances quedan registrados y se reflejan en el ranking.

¡Supera tus límites con MADTEST!

Solución al test n.º 12

1. c) Debe tener un flujo discontinuo, para cada comida que se da en un día.

2. b) Partidas.

3. d) Nadie, deben estar el Jefe de partida, cocinero/os, y pinche/es.

4. b) 4.

5. a) Salsero.

6. b) Entremetier.

7. c) Despensero.

8. d) Despiece, limpieza y fileteado de carnes.

9. a) Cocina y economato.

10. b) Segunda.

11. d) Son todas las anteriores.

12. a) Jefe/a de partida.

13. c) Tercero.

14. b) Tardes.

15. d) Estarán todos los anteriores.

16. d) De planta, en turno de la mañana, con refuerzo del personal disponible.

17. c) Gobernanta.

18. a) Limpieza del túnel y recogida de local.

19. c) Grupo profesional primero: Mandos.

20. a) Área funcional primera.

TEST N.º 13

El acondicionamiento de las materias primas: Carnes, pescados, hortalizas, frutas. Limpieza, cortes y pre-elaboración. La descongelación. Actividades de limpio y sucio. Términos básicos de cocina. Prácticas correctas de higiene

1. ¿Cómo se define la ración neta?

a) La ración neta se entiende limpia de grasas, huesos, espinas, etc., que se sitúa entre ciento cincuenta y ciento ochenta gramos por persona, salvo algún tipo de corte especial o pieza de ración.

b) La ración neta se entiende limpia de grasa, huesos y espinas. Se sitúa en todo caso entre 250 y 500 gramos.

c) No se puede definir la ración neta porque depende del tipo de producto.

d) La ración neta se define como la pieza de tamaño pequeño que no supere los 250 gramos.

2. De un asado de carne con hueso, ¿qué peso constituye una ración?

a) 1 kg.
b) ½ kg.
c) ¼ kg.
d) 1/10 kg.

3. ¿Cómo se lavará la carne?

a) Bajo el chorro de agua cuando está troceada.
b) Con agua potable.
c) Solo cuando la canal está entera.
d) No se lavará la carne.

4. ¿Qué es el pelado de un ave?

a) Quitar las plumas.
b) Quitar la piel.

c) Quitar las patas y cabeza.
d) Todas las respuestas son correctas.

5. ¿Qué pieza del cuarto delantero del vacuno es la parte situada sobre el ester-nón y parte de las costillas?

a) Aleta.
b) Morcillo.
c) Aguja.
d) Llana.

6. El corte de pescado en forma de porción sin espina, con o sin piel, obtenida por corte del lomo se denomina:

a) Trancha.
b) Suprema.
c) Poupieta.
d) Falda.

7. ¿En qué caso no se puede congelar un alimento?

a) Cuando se adquirió fresco.
b) Cuando ya fue descongelado previamente.
c) Cuando tras descongelarlo se sometió a cocción.
d) En ninguno de estos casos.

8. ¿Qué método es válido para descongelar un alimento cocinado?

a) Horno convencional.
b) Microondas.
c) Hornos a convección.
d) Todas las respuestas son correctas.

9. ¿Qué característica/s debe tener el proceso de producción en cocina?

a) Flujo continuo.
b) Separación de zonas.
c) Establecimiento de circuitos.
d) Todas las respuestas son correctas.

10. ¿Qué respuesta es falsa?

a) Cada zona de trabajo contará con los materiales necesarios.
b) Cada zona de trabajo contará con los utensilios necesarios para las tareas a realizar.
c) En la cocina nunca se establecen diferentes circuitos.
d) La respuestas a) y b) son correctas.

11. En una cocina centralizada, ¿hacia dónde irán los flujos de aire?

a) Hacia la entrada.
b) Hacia la zona limpia.
c) Hacia la zona sucia.
d) Hacia la zona de distribución por ser la fase final del proceso.

12. Los utensilios de cocina listos para su uso, ¿están en un circuito limpio o sucio?

a) Sucio.
b) Limpio.
c) Pueden estar en ambos.
d) No están en ninguno.

13. ¿Qué recorrido tendrá el circuito de residuos?

a) Desde la zona de evacuación hasta el vertedero.
b) Desde la zona de generación hasta la zona de evacuación.
c) Tendrá un recorrido de ida (circuito sucio) y otro de vuelta (circuito limpio).
d) Para los residuos no se definirán circuitos.

14. ¿Qué solución habría si la zona de recepción de materias primas y la salida de desperdicios no pueden estar separadas físicamente?

a) Realizar ambas operaciones con cuidado cuando coincidan.
b) Utilizar elementos cerrados para el traslado, cuando coincidan.
c) Separar ambas operaciones en el tiempo.
d) No hay solución, se deber realizar una reforma.

15. Con el principio de marcha adelante:

a) Se evitarán las contaminaciones cruzadas.
b) Se podrá conseguir que un alimento retroceda a una etapa anterior.
c) Se conseguirá que no exista la separación de zonas de trabajo, y con ello mejor visión del conjunto de trabajo.
d) Se evitará el establecimiento de circuitos que perjudican la organización.

16. ¿Qué es espalmar?

a) Echar caldo hirviendo sobre pan, con el fin de hacer sopa.
b) Obtener fruta con azúcar cristalizada.
c) Recubrir un molde por el interior.
d) Adelgazar un género mediante golpes suaves.

17. ¿Qué es acanalar?

a) Dar forma de pelota de rugby a los tubérculos.
b) Cortar en dados.
c) Dar forma de cestitas para rellenar.
d) Decorar una verdura tallando su piel en tiras.

18. ¿Cómo se denomina la acción de incorporar leche a una masa o salsa?

a) Aderezar.
b) Ablactar.
c) Enlechar.
d) Albardar.

19. ¿Qué es albardar?

a) Recubrir con una lámina fina de tocino determinadas carnes y aves con poca grasa, para que resulten más jugosas y no se sequen al cocinarlas.
b) Hacer canales o estrías a las naranjas.
c) Aliñar o condimentar.
d) Cortar en rodajas una verdura.

20. ¿Qué es bridar una pieza de carne?

a) Atar con un hilo para que no se deforme durante la cocción.
b) Cortar en filetes finos.
c) Asar al horno de leña.
d) Ninguna respuesta es correcta.

En MADTEST tienes **más preguntas de este tema** y todos tus avances quedan registrados y se reflejan en el ranking.

¡Supera tus límites con MADTEST!

Solución al test nº 13

1. a) La ración neta se entiende limpia de grasas, huesos, espinas, etc., que se sitúa entre ciento cincuenta y ciento ochenta gramos por persona, salvo algún tipo de corte especial o pieza de ración.

2. c) ¼ kg.

3. b) Con agua potable.

4. a) Quitar las plumas.

5. a) Aleta.

6. b) Suprema.

7. b) Cuando ya fue descongelado previamente.

8. d) Todas las respuestas son correctas.

9. d) Todas las respuestas son correctas.

10. c) En la cocina nunca se establecen diferentes circuitos.

11. c) Hacia la zona sucia.

12.. b) Limpio.

13. b) Desde la zona de generación hasta la zona de evacuación.

14. c) Separar ambas operaciones en el tiempo.

15. a) Se evitarán las contaminaciones cruzadas.

16. d) Adelgazar un género mediante golpes suaves.

17. d) Decorar una verdura tallando su piel en tiras.

18. b) Ablactar.

19. a) Recubrir con una lámina fina de tocino determinadas carnes y aves con poca grasa, para que resulten más jugosas y no se sequen al cocinarlas.

20. a) Atar con un hilo para que no se deforme durante la cocción.

TEST N.º 14

Los alimentos. Código alimentario español: Clasificación y características de los diferentes tipos de alimentos, lácteos, carnes, pescados, legumbres, verduras y hortalizas. Tipos de dietas. Dietas terapéuticas más utilizadas en un centro hospitalario

1. De los siguientes productos, ¿cuáles no son derivados de la leche?

a) Nata y mantequilla.
b) Queso y requesón.
c) Sueros lácteos.
d) Cafeína.

2. Un huevo que ha sido incubado se dice que es un huevo:

a) Fresco.
b) Defectuoso.
c) Averiado.
d) Podrido.

3. ¿Qué tratamiento recibirá la leche destinada para el consumo de colectividades?

a) Ninguno, porque la leche cruda es muy nutritiva.
b) Debe recibir algún tratamiento térmico.
c) Será siempre leche especial sin tratar.
d) Todas las respuestas son correctas.

4. Señala cuál de las siguientes afirmaciones es correcta:

a) La leche esterilizada es leche natural, sometida a un proceso tecnológico tal, que asegure la destrucción de los microorganismos y la inactividad de sus formas de resistencia.
b) La leche evaporada es leche esterilizada a la que se le añade agua.
c) Leche condensada es la leche higienizada y concentrada por eliminación de agua, sin añadirle azúcares.
d) Leche en polvo es aquella que se congela y posteriormente se tritura.

5. ¿Cómo se denomina al pollo castrado y bien cebado?

a) Gallina.
b) Pichón.
c) Capón.
d) Lechón.

6. Según el Código Alimentario Español, ¿en qué grupo de alimentos se incluye al tomate?

a) Verduras.
b) Hortalizas.
c) Frutas carnosas.
d) Frutos oleaginosos.

7. ¿Qué es un producto sucedáneo?

a) Todo producto que tiene un sabor distinto al esperado.
b) Todo producto que sustituye un alimento por otro, sin que el consumidor lo note.
c) Todo producto que, sin fines engañosos o fraudulentos, pretenda sustituir en todo o en parte a un alimento.
d) Producto esencial en la dieta.

8. ¿Cuál de los siguientes es un encurtido?

a) Carne de lomo macerada y ahumada.
b) Anchoas saldas.
c) Coliflor y zanahoria curadas en salmuera, y conservadas en vinagre y sal.
d) Beicon.

9. La doble nata contiene:

a) Un 18 % en peso de grasa.
b) Un 50 % en peso de grasa.
c) Un 30 % en peso de grasa.
d) Un mínimo de un 70 % en peso de grasa.

10. La manteca en rama o en pella:

a) Es el producto obtenido por fusión de las grasas de depósito del ganado vacuno sacrificado en perfectas condiciones sanitarias.
b) Es la grasa que recubre los riñones del cerdo, mesenterios y epiplones, extraída directamente del animal.
c) Es la grasa obtenida calentando las grasas del cerdo a una temperatura máxima de 80 grados centígrados y depositados luego en moldes de los que toma su forma al enfriarse.
d) Es la grasa procedente de trozos de grasa recogida en el despiece y recortes, sometidos a la acción directa del vapor de agua.

11. ¿A qué gama pertenece el pescado congelado, que no ha sido cocinado previamente?

a) 1.
b) 2.
c) 3.
d) 4.

12. ¿Qué ventaja tiene el uso de aditivos?

a) Preserva la calidad nutricional.
b) Disminuye la estabilidad de conservación.
c) Cambia sus propiedades organolépticas, llevando a error al consumidor.
d) Todas las respuestas son correctas.

13. ¿Qué requisitos debe cumplir la dieta?

a) Aportar suficiente energía.
b) Ser equilibrada.
c) Debe contener todos los nutrientes.
d) Todas las respuestas son correctas.

14. ¿En cuál de estas dietas está reducido el uso de sal?

a) Hipocalórica.
b) Hiposódica.
c) Hipoproteica.
d) Progresiva.

15. ¿Qué parte del huevo es más alérgeno?

a) Clara.
b) Yema.
c) Cáscara.
d) Todas las partes por igual.

16. ¿Qué es la alimentación?

a) Un acto o un conjunto de actos voluntarios, que implican la elección de alimentos y la voluntad de prepararlos e ingerirlos.
b) La ingesta de los alimentos.
c) El proceso involuntario que sucede tras la ingesta de los alimentos.
d) Todas las respuestas definen este concepto.

17. ¿Qué significa que las dietas hospitalarias tienen finalidad terapéutica?

a) Que deben proporcionar una alimentación equilibrada y correcta que evitará el desarrollo de algunas patologías.
b) Su administración pretenderá inculcar un hábito alimentario en el paciente.
c) Formará parte del tratamiento de algunas patologías.
d) Todas las respuestas son correctas.

18. ¿Qué características debe tener un manual de dietas?

a) Sólo debe ser comprensible por personal especializado.
b) Incluirá las dietas que respondan a los tratamientos específicos aplicados en el propio Centro.
c) Será elaborado por el médico.
d) Ninguna respuesta es correcta.

19. ¿Qué información no viene reflejada en el manual de dietas?

a) Denominación de la dieta.
b) Indicaciones y objetivos.
c) Nombre del paciente y patología.
d) Características de la dieta.

20. De las cinco comidas diarias, ¿cuál de ellas aporta un mayor valor calórico total (VCT)?

a) Desayuno.
b) Comida.
c) Merienda.
d) Cena.

En MADTEST tienes **más preguntas de este tema** y todos tus avances quedan registrados y se reflejan en el ranking.

¡Supera tus límites con MADTEST!

Solución al test nº 14

1. d) Cafeína.

2. c) Averiado.

3. b) Debe recibir algún tratamiento térmico.

4. a) La leche esterilizada es leche natural, sometida a un proceso tecnológico tal, que asegure la destrucción de los microorganismos y la inactividad de sus formas de resistencia.

5. c) Capón.

6. c) Frutas carnosas.

7. c) Todo producto que, sin fines engañosos o fraudulentos, pretenda sustituir en todo o en parte a un alimento.

8. c) Coliflor y zanahoria curadas en salmuera, y conservadas en vinagre y sal.

9. b) Un 50 % en peso de grasa.

10. b) Es la grasa que recubre los riñones del cerdo, mesenterios y epiplones, extraída directamente del animal.

11. c) 3.

12. a) Preserva la calidad nutricional.

13. d) Todas las respuestas son correctas.

14. b) Hiposódica.

15. a) Clara.

16. a) Un acto o un conjunto de actos voluntarios, que implican la elección de alimentos y la voluntad de prepararlos e ingerirlos.

17. c) Formará parte del tratamiento de algunas patologías.

18. b) Incluirá las dietas que respondan a los tratamientos específicos aplicados en el propio Centro.

19. c) Nombre del paciente y patología.

20. b) Comida.

TEST N.º 15

Preparación, conservación, distribución y transporte de los alimentos según su clasificación. Otros sistemas de elaboración de los alimentos: cocción al vacío, cadena fría, productos de tercera y cuarta generación

1. ¿Cuál de los siguientes factores puede influir en los cambios de color en los alimentos?

a) La acidez del medio, que afecta a los pigmentos presentes.
b) La cantidad de agua contenida en el alimento.
c) La presencia de azúcares, que impide cualquier cambio de color.
d) La textura del alimento después de la cocción.

2. ¿En qué consiste la cocción por concentración?

a) En cocinar los alimentos a baja temperatura durante un tiempo prolongado.
b) En aplicar altas temperaturas para coagular las proteínas y retener los jugos internos.
c) En sumergir los alimentos en un líquido a temperatura ambiente antes de calentarlos.
d) En cocinar los alimentos exclusivamente en medios líquidos sin generar costra superficial.

3. ¿Por qué es importante no sobrepasar el punto de humeo en la fritura?

a) Porque la grasa se vuelve menos digerible y genera residuos tóxicos.
b) Porque el alimento pierde completamente su sabor y textura.
c) Porque el aceite se evapora y no permite una cocción uniforme.
d) Porque se reduce el tiempo de cocción, afectando la temperatura interna del alimento.

4. ¿En qué consiste el gratinado completo?

a) En dorar superficialmente un alimento ya cocido con la adición de queso o pan rallado.
b) En aplicar calor fuerte sobre un alimento cocinado con su propio jugo o salsa.

c) En cocinar un alimento mientras se dora su superficie y se reduce el líquido de cocción.
d) En sumergir un alimento en grasa caliente para sellar su exterior.

5. ¿Cuál de las siguientes salsas se considera semicaliente?

a) Bechamel.
b) Holandesa.
c) Vinagreta.
d) Demi-Glace.

6. ¿Cuál de las siguientes afirmaciones sobre la salsa demi-glace es correcta?

a) Se elabora únicamente con caldo de ave.
b) Su cocción dura aproximadamente 2 horas.
c) Se obtiene a partir de huesos de vacuno y despojos tostados al horno.
d) Se sirve directamente sin necesidad de complementos.

7. ¿Cuál de las siguientes afirmaciones sobre el fondo blanco es correcta?

a) Se elabora exclusivamente con huesos de vacuno.
b) Su cocción debe realizarse a fuego alto para acelerar el proceso.
c) Se obtiene a partir de carne, huesos de ave o ternera y hortalizas en mirepoix.
d) No se puede utilizar para mojar arroces ni verduras.

8. ¿Cuál es el procedimiento correcto para elaborar un roux?

a) Calentar la mantequilla a fuego alto y agregar la harina sin tamizar.
b) Fundir la mantequilla a fuego suave, añadir la harina tamizada y remover constantemente.
c) Mezclar la harina con la mantequilla en frío y luego calentar a fuego alto.
d) Cocinar la harina en seco antes de añadir la mantequilla.

9. ¿Qué ingrediente se emplea en la elaboración del consomé frío para lograr su textura característica?

a) Harina de trigo.
b) Manos de ternera o huesos de ave.
c) Almidón de maíz.
d) Gelatina en polvo.

10. ¿Cuál de los siguientes ingredientes es característico en la elaboración de la Bouillabaisse?

a) Salmón y trucha.
b) Pescados de roca como rascacio y gallineta.

c) Calamares y pulpo.
d) Bacalao desalado.

11. ¿Cuál de las siguientes ensaladas se caracteriza por incluir arroz cocido y atún en su composición?

a) Ensalada Niçoise.
b) Ensalada Nantaise.
c) Ensalada Mimosa.
d) Ensalada Cresseniere.

12. ¿Cuál de los siguientes alimentos con Denominación de Origen en Aragón se caracteriza por su carne tierna, de color rosa pálido y con ligera infiltración de grasa intramuscular?

a) Jamón de Teruel.
b) Melocotón de Calanda.
c) Ternasco de Aragón.
d) Cebolla Fuentes de Ebro.

13. ¿Cuál de los siguientes platos tradicionales de Aragón se elabora con alubias redondas cocidas con oreja y rabo de cerdo?

a) Firigolla.
b) Chirigol.
c) Boliches de Embún.
d) Guirlache.

14. ¿Cuál de los siguientes métodos físicos de conservación actúa mediante la aplicación de frío?

a) Pasteurización.
b) Liofilización.
c) Ultracongelación.
d) Uperización (UHT).

15. ¿Cuál de los siguientes métodos químicos de conservación se basa en la reducción del contenido de agua mediante la adición de sal?

a) Encurtido.
b) Salazón.
c) Marinado.
d) Escabechado.

16. ¿Cuál es la temperatura máxima de refrigeración permitida para la carne picada según el Real Decreto 1021/2022?

a) 4 °C.
b) 3 °C.
c) 2 °C.
d) 0 °C.

17. ¿Qué característica deben cumplir las partes metálicas de las máquinas en contacto con alimentos para evitar alteraciones en los productos?

a) Ser de cualquier material resistente.
b) Contar con revestimientos anticorrosión.
c) Estar fabricadas en aluminio sin recubrimiento.
d) No requieren ningún tratamiento especial.

18. ¿Cuál es la temperatura recomendada para el almacenamiento de productos semiperecederos?

a) Entre 5 y 10 ºC.
b) Entre 0 y 4 ºC.
c) Entre 15 y 18 ºC.
d) A temperatura ambiente sin control específico.

19. ¿En qué consiste el método FIFO en el almacenamiento de alimentos?

a) En almacenar los productos según su tamaño.
b) En consumir primero los productos más recientes.
c) En consumir primero los productos que llevan más tiempo almacenados.
d) En colocar los productos al azar en el almacén.

20. ¿Qué tipo de envasado al vacío se utiliza para productos delicados que no deben perder su forma original?

a) Vacío normal.
b) Vacío continuo.
c) Vacío para productos calientes.
d) Vacío compensado.

En MADTEST tienes **más preguntas de este tema** y todos tus avances quedan registrados y se reflejan en el ranking.

¡Supera tus límites con MADTEST!

Solución al test nº 15

1. a) La acidez del medio, que afecta a los pigmentos presentes.

2. b) En aplicar altas temperaturas para coagular las proteínas y retener los jugos internos.

3. a) Porque la grasa se vuelve menos digerible y genera residuos tóxicos.

4. c) En cocinar un alimento mientras se dora su superficie y se reduce el líquido de cocción.

5. b) Holandesa.

6. c) Se obtiene a partir de huesos de vacuno y despojos tostados al horno.

7. c) Se obtiene a partir de carne, huesos de ave o ternera y hortalizas en mirepoix.

8. b) Fundir la mantequilla a fuego suave, añadir la harina tamizada y remover constantemente.

9. b) Manos de ternera o huesos de ave.

10. b) Pescados de roca como rascacio y gallineta.

11. b) Ensalada Nantaise.

12. c) Ternasco de Aragón.

13. c) Boliches de Embún.

14. c) Ultracongelación.

15. b) Salazón.

16. c) 2 °C.

17. b) Contar con revestimientos anticorrosión.

18. c) Entre 15 y 18 ºC.

19. c) En consumir primero los productos que llevan más tiempo almacenados.

20. d) Vacío compensado.

TEST N.º 16

Reglamentación técnico-sanitaria de los Comedores Colectivos. Normas higiénico-sanitarias de aplicación de la cocina hospitalaria. Reglamento de Manipuladores de alimentos. Reglamentación Unidad de Cocina en Centros Sanitarios

1. ¿Qué requisito deben cumplir las cámaras de congelación en las cocinas centrales?

a) Garantizar un rango de temperatura entre 0 ºC y -25 ºC.
b) Mantener siempre una temperatura de -18 ºC sin variaciones.
c) Contar con un sistema de climatización para temperaturas superiores a 25 ºC.
d) Tener acceso restringido únicamente al personal de mantenimiento.

2. ¿Qué Real Decreto deroga al Real Decreto 3484/2000 sobre normas de higiene para la elaboración, distribución y comercio de comidas preparadas?

a) Real Decreto 1086/2020.
b) Real Decreto 1021/2022.
c) Real Decreto 852/2004.
d) Real Decreto 1420/2006.

3. Según el Reglamento 852/2004, ¿cuál es la temperatura máxima permitida para la conservación de alimentos congelados?

a) -12 °C.
b) -15 °C.
c) -18 °C.
d) -25 °C.

4. ¿Cuál es el principal riesgo de la contaminación cruzada en las cocinas de colectividades?

a) Transferencia de microorganismos patógenos de un alimento a otro.
b) Aumento del desperdicio de alimentos.

c) Disminución de la vida útil de los productos envasados.

d) Reducción del valor nutricional de los alimentos.

5. ¿Qué se considera un establecimiento de comercio al por menor según el Real Decreto 1021/2022?

a) Un establecimiento que vende productos exclusivamente envasados.

b) Un lugar donde se manipulan, preparan, elaboran o transforman alimentos para su entrega al consumidor final o a colectividades.

c) Un establecimiento que solo almacena productos sin manipularlos.

d) Una explotación agrícola que vende productos primarios directamente al consumidor.

6. Según el Real Decreto 1021/2022, En qué condiciones se pueden vender productos alimenticios con defectos en establecimientos de comercio al por menor?

a) Solo si tienen defectos en la forma o tamaño, sin afectar su seguridad.

b) Siempre que el vendedor lo considere oportuno, sin necesidad de informar al consumidor.

c) Únicamente si tienen defectos en el etiquetado o en el envasado, incluidos los envases abombados de conservas.

d) No está permitido vender productos con defectos bajo ninguna circunstancia.

7. ¿Cuál de los siguientes factores justifica la actualización normativa en higiene y seguridad alimentaria según el Real Decreto 1086/2020?

a) La experiencia adquirida con el tiempo.

b) Los avances científicos en tecnología alimentaria.

c) La demanda cambiante de la sociedad.

d) Todas las respuestas son correctas.

8. ¿Cuál de los siguientes principios es considerado fundamental en el Reglamento (CE) Nº 852/2004 sobre la higiene de los productos alimenticios?

a) La cadena de frío solo es importante en los productos frescos.

b) Los operadores de empresa alimentaria no tienen responsabilidad directa sobre la seguridad alimentaria.

c) La aplicación del sistema APPCC refuerza la seguridad alimentaria en las empresas del sector.

d) No es necesario establecer criterios microbiológicos en la evaluación de riesgos.

9. ¿Cuál es la definición de "higiene alimentaria" según el Reglamento 852/2004?

a) Solo se refiere a la limpieza de los alimentos antes de su consumo.

b) Incluye las condiciones y medidas necesarias para garantizar la seguridad de los alimentos durante toda la cadena de producción y distribución.

c) Es el conjunto de normas que regulan exclusivamente el almacenamiento de los alimentos.

d) Hace referencia únicamente a la desinfección de utensilios y superficies en contacto con los alimentos.

10. ¿Cuál de las siguientes afirmaciones sobre la gestión de desperdicios de productos alimenticios es correcta?

a) Los desperdicios pueden acumularse en las salas de trabajo hasta el final de la jornada laboral.

b) Los contenedores de desperdicios deben estar provistos de cierre y ser de fácil limpieza y desinfección.

c) No es necesario mantener limpios los depósitos de desperdicios si se eliminan diariamente.

d) La eliminación de desperdicios no debe considerar su impacto ambiental

11. ¿Cuál de las siguientes afirmaciones sobre la higiene del personal en zonas de manipulación de alimentos es correcta?

a) Solo es obligatorio el uso de vestimenta protectora en establecimientos de hostelería.

b) Los trabajadores con heridas infectadas pueden manipular alimentos si usan guantes.

c) Las personas con enfermedades transmisibles deben informar al operador de empresa alimentaria.

d) La higiene personal del manipulador no influye en la seguridad alimentaria.

12. ¿Cuál es uno de los objetivos principales del Plan Nacional de Control Oficial de la Cadena Alimentaria?

a) Regular exclusivamente la sanidad vegetal.

b) Garantizar un nivel elevado de seguridad alimentaria y protección de la salud humana.

c) Limitar el acceso a los mercados internacionales.

d) Sustituir las inspecciones en los establecimientos por autocontroles.

13. ¿Cuál de las siguientes normas de higiene debe cumplir un manipulador de alimentos?

a) Usar guantes y mascarilla en el proceso de manipulación de alimentos listos para el consumo.

b) Llevar joyas y relojes siempre que estén bien ajustados a la muñeca.

c) No es necesario lavarse las manos si se utilizan guantes.

d) Solo se debe llevar cubrecabezas en caso de tener el pelo largo.

14. ¿Cuál es el objetivo principal del Plan de limpieza y desinfección (L+D) en una empresa alimentaria?

a) Minimizar los costos de limpieza en la empresa.

b) Evitar cualquier posibilidad de contaminación en locales, equipos y útiles.

c) Reducir el tiempo de producción mediante la eliminación de la limpieza diaria.

d) Utilizar productos químicos sin necesidad de evaluación del riesgo sanitario.

15. ¿Qué medida de higiene debe tomarse en caso de tener un corte o herida en la zona de manipulación de alimentos?

a) Lavar la herida únicamente con agua y jabón antes de continuar trabajando.

b) Cubrir la herida con un apósito adecuado que impida el contacto con los alimentos o utensilios utilizados.

c) Utilizar guantes sin necesidad de cubrir la herida previamente.

d) No es necesario tomar ninguna medida si la herida es pequeña.

16. ¿Qué requisito deben cumplir los locales destinados a la producción de alimentos según el Reglamento 852/2004?

a) Deben tener una disposición y diseño que permita su limpieza y desinfección.

b) Pueden compartir espacio con almacenes de productos químicos de limpieza.

c) No es necesario disponer de ventilación si el local tiene acceso al exterior.

d) Los inodoros pueden estar dentro de las salas de manipulación de alimentos si están correctamente ventilados.

17. ¿Qué características deben cumplir los suelos y paredes de las salas donde se preparan alimentos?

a) Deben ser de materiales impermeables, no absorbentes, lavables y no tóxicos.

b) Pueden tener superficies rugosas si se limpian con frecuencia.

c) No es necesario que tengan sistemas de desagüe si se realiza una limpieza diaria.

d) Pueden ser de cualquier material siempre que sean resistentes a golpes y arañazos.

18. ¿Por qué es importante la formación continuada de los manipuladores de alimentos?

a) Porque permite mejorar los hábitos de higiene y aplicar prácticas correctas.

b) Solo es necesaria al inicio de la actividad laboral.

c) Se centra exclusivamente en el aprendizaje de nuevas recetas y técnicas culinarias.

d) Solo se imparte cuando hay cambios en la normativa, sin necesidad de actualizar conocimientos regularmente.

19. ¿Qué se considera una infracción en materia de seguridad alimentaria según la Ley 17/2011?

a) La falta de colaboración con las autoridades competentes.

b) El uso de ingredientes naturales en la elaboración de productos.

c) La correcta aplicación de los sistemas de autocontrol en seguridad alimentaria.

d) La exportación de productos con todas las certificaciones sanitarias.

20. ¿Qué Decreto regula el Registro Sanitario de Establecimientos Alimentarios de Aragón y establece el procedimiento de inscripción y autorización de los establecimientos alimentarios?

a) Decreto 131/2006, de 23 de mayo.
b) Decreto 8/2024, de 10 de enero.
c) Decreto 852/2004, de 29 de abril.
d) Decreto 17/2011, de 5 de julio.

En MADTEST tienes **más preguntas de este tema** y todos tus avances quedan registrados y se reflejan en el ranking.

¡Supera tus límites con MADTEST!

Solución al test nº 16

1. a) Garantizar un rango de temperatura entre 0 ºC y -25 ºC.

2. b) Real Decreto 1021/2022.

3. c) -18 °C.

4. a) Transferencia de microorganismos patógenos de un alimento a otro.

5. b) Un lugar donde se manipulan, preparan, elaboran o transforman alimentos para su entrega al consumidor final o a colectividades.

6. a) Solo si tienen defectos en la forma o tamaño, sin afectar su seguridad.

7. d) Todas las respuestas son correctas.

8. c) La aplicación del sistema APPCC refuerza la seguridad alimentaria en las empresas del sector.

9. b) Incluye las condiciones y medidas necesarias para garantizar la seguridad de los alimentos durante toda la cadena de producción y distribución.

10. b) Los contenedores de desperdicios deben estar provistos de cierre y ser de fácil limpieza y desinfección.

11. c) Las personas con enfermedades transmisibles deben informar al operador de empresa alimentaria.

12. b) Garantizar un nivel elevado de seguridad alimentaria y protección de la salud humana.

13. a) Usar guantes y mascarilla en el proceso de manipulación de alimentos listos para el consumo.

14. b) Evitar cualquier posibilidad de contaminación en locales, equipos y útiles.

15. b) Cubrir la herida con un apósito adecuado que impida el contacto con los alimentos o utensilios utilizados.

16. a) Deben tener una disposición y diseño que permita su limpieza y desinfección.

17. a) Deben ser de materiales impermeables, no absorbentes, lavables y no tóxicos.

18. a) Porque permite mejorar los hábitos de higiene y aplicar prácticas correctas.

19. a) La falta de colaboración con las autoridades competentes.

20. b) Decreto 8/2024, de 10 de enero.

Autocontrol sanitario en las cocinas hospitalarias: análisis de peligros y puntos de control críticos. Riesgos derivados de la manipulación de los alimentos: alteraciones de los alimentos. Contaminación de los alimentos. Medios de transmisión de los gérmenes. Condiciones que favorecen su desarrollo. Enfermedades originadas por alimentos contaminados. El plato testigo

1. ¿Cuál de las siguientes afirmaciones sobre el sistema APPCC es incorrecta?

a) Es un sistema preventivo de control de peligros en la industria alimentaria.
b) Identifica los Puntos de Control Crítico.
c) Se aplica solo en la fase de distribución de los alimentos.
d) Permite establecer medidas correctoras en caso de desviaciones.

2. ¿Cuál es el tiempo mínimo que debe conservarse una comida testigo en refrigeración para posibles controles de seguridad?

a) 3 días.
b) 5 días.
c) 7 días.
d) 10 días.

3. ¿Qué debe incluir el diagrama de flujo de un sistema APPCC?

a) Los análisis químicos de cada alimento.
b) La secuencia de todas las etapas del proceso de producción.
c) Los datos financieros de la empresa.
d) El control de proveedores y la certificación de sus productos.

4. ¿Qué significa el término PCC en el sistema APPCC?

a) Punto de Control Crítico.
b) Punto de Control Certificado.
c) Protocolo de Calidad y Certificación.
d) Parámetro de Calidad Culinaria.

5. ¿Qué es una medida correctora en el sistema APPCC?

a) Una acción que se toma cuando un PCC no cumple con los límites establecidos.
b) Una auditoría externa del sistema de seguridad alimentaria.
c) Un registro detallado de proveedores.
d) Un ajuste en las recetas culinarias para mejorar su calidad.

6. El sistema de APPCC está basado en:

a) Dos principios.
b) Tres principios.
c) Seis principios.
d) Siete principios.

7. ¿Qué se entiende por "trazabilidad"?

a) La posibilidad de encontrar y seguir el rastro, a través de todas las etapas de la producción, transformación y distribución de un alimento.
b) La información contenida en la etiqueta de un producto alimenticio.
c) Las fases de la producción de un alimento hasta que está listo para su venta y consumo.
d) La posibilidad de encontrar el rastro de un alimento a partir del momento en que se comercializa.

8. ¿Qué es correcto sobre el sistema de trazabilidad?

a) Es un requisito fundamental para la gestión y control de distintas actividades dentro de la empresa alimentaria o de piensos.
b) Debe contar con documentos que describan los procedimientos a utilizar.
c) Se empleará como mecanismo para evitar la distribución de productos no seguros
d) Todas las respuestas son correctas.

9. ¿Qué alimentos tienen mayor riesgo de contaminación por Salmonella?

a) Verduras frescas.
b) Frutas con piel gruesa.
c) Huevos crudos y aves mal cocinadas.
d) Productos lácteos pasteurizados.

10. ¿Qué condiciones favorecen el desarrollo de microorganismos en el alimento?

a) Composición del alimento.
b) Contenido en agua.
c) Temperatura.
d) Todas estas condiciones influyen.

11. ¿Cuáles de los siguientes son parásitos?

a) Salmonella, Clostridium y Vibrio.
b) Hepatitis, Norwalk y Virus de la encelopatía espongiforme bovina.
c) Triquina, Anisakis y protozoos.
d) Todas las respuestas son correctas.

12. ¿Cómo se destruye el Clostridium botulinum?

a) Por congelación.
b) A 65 ºC en el centro del producto.
c) A 120 ºC durante 20 minutos.
d) No se destruye con la temperatura.

13. ¿De dónde proceden las micotoxinas?

a) Alimentos.
b) Hongos.
c) Agua.
d) Vías respiratorias altas.

14. ¿Qué alimento puede portar el parásito causante de la triquinosis?

a) Fruta.
b) Pescado.
c) Carne.
d) Verdura.

15. ¿Qué problemas causa el virus Norwalk?

a) Hemorragia.
b) Parálisis.
c) Gastroenteritis.
d) Muerte.

16. ¿Cuál/es de las siguientes son bacterias?

a) Clostridium.
b) Brucella.
c) Escherichia coli.
d) Todas las anteriores.

17. ¿Qué cantidad mínima se ha de recoger en la muestra del plato testigo?

a) Una ración individual de como mínimo de 100 g.
b) Dos raciones de 50 g cada una.
c) Una ración individual de como mínimo de 250 g.
d) Todas son correctas.

18. ¿Cuál es el procedimiento adecuado para la recogida de muestras testigo en una empresa de comidas preparadas?

a) Las muestras deben ser recogidas en envases estériles cerrados, correctamente etiquetados y conservadas entre 4-6 ºC hasta su análisis.

b) La recogida de muestras testigo solo se hace cuando un alimento presenta alteraciones visibles.

c) Las muestras pueden almacenarse sin refrigeración hasta su análisis, siempre que se etiqueten correctamente.

d) No es necesario registrar datos sobre la muestra recogida, ya que la inspección se centra en el análisis microbiológico.

19. ¿Cuál es el propósito de las comidas testigo en establecimientos de comidas preparadas?

a) Servir como muestras de control para estudios epidemiológicos en caso de intoxicación alimentaria.

b) Ofrecer una opción adicional de menú en establecimientos de restauración colectiva.

c) Ser utilizadas para la evaluación del sabor y calidad por parte de las autoridades sanitarias.

d) Garantizar la rotación del menú en hospitales y residencias de mayores.

20. ¿Cuál de las siguientes afirmaciones sobre el análisis microbiológico de los alimentos es correcta?

a) La toma de muestras debe realizarse de forma ocasional para evitar contaminación cruzada.

b) Es obligatorio elegir un método de análisis aprobado por organismos nacionales e internacionales de reconocido prestigio.

c) La interpretación de resultados solo considera la presencia o ausencia de microorganismos, sin analizar el grado de contaminación.

d) La inspección no debe incluir datos sobre prácticas de higiene ni manipulación del producto.

En MADTEST tienes **más preguntas de este tema** y todos tus avances quedan registrados y se reflejan en el ranking.

¡Supera tus límites con MADTEST!

Solución al test nº 17

1. c) Se aplica solo en la fase de distribución de los alimentos.

2. c) 7 días.

3. b) La secuencia de todas las etapas del proceso de producción.

4. a) Punto de Control Crítico.

5. a) Una acción que se toma cuando un PCC no cumple con los límites establecidos.

6. d) Siete principios.

7. a) La posibilidad de encontrar y seguir el rastro, a través de todas las etapas de la producción, transformación y distribución de un alimento.

8. d) Todas las respuestas son correctas.

9. c) Huevos crudos y aves mal cocinadas.

10. d) Todas estas condiciones influyen.

11. c) Triquina, Anisakis y protozoos.

12. c) A 120 ºC durante 20 minutos.

13. b) Hongos.

14. c) Carne.

15. c) Gastroenteritis.

16. d) Todas las anteriores.

17. a) Una ración individual de como mínimo de 100 g.

18. a) Las muestras deben ser recogidas en envases estériles cerrados, correctamente etiquetados y conservadas entre 4-6 ºC hasta su análisis.

19. a) Servir como muestras de control para estudios epidemiológicos en caso de intoxicación alimentaria.

20. b) Es obligatorio elegir un método de análisis aprobado por organismos nacionales e internacionales de reconocido prestigio.

TEST N.º 18

Seguridad e Higiene en el trabajo. Riesgo específico de la actividad en cocinas y con productos de limpieza. Utilización de equipos de protección individual. Prevención de incendios. Primeros auxilios y actuación ante una emergencia

1. Es un riesgo ergonómico:

a) Estar en contacto con productos que contienen sustancias químicas peligrosas.
b) Realizar trabajos con manejo de cargas o posturas forzadas.
c) Las situaciones de trabajo que producen estrés.
d) Todos son riesgos ergonómicos.

2. Los equipos de protección individual están destinados:

a) Al uso personal.
b) A la comunidad.
c) A un equipo de trabajo.
d) A quien lo necesite.

3. ¿Qué actuaciones debe adoptar el empresario para la elección de los equipos de protección?

a) Analizar y evaluar los riesgos existentes que no puedan evitarse o limitarse suficientemente por otros medios.
b) Definir las características que deberán reunir los equipos de protección individual para garantizar su función.
c) Comparar las características de los equipos de protección individual existentes en el mercado.
d) Todas son correctas.

4. Los equipos filtrantes de partículas se utilizan para la protección de:

a) Los ojos y de la cara.
b) Las vías respiratorias.
c) La piel.
d) Manos y brazos.

5. ¿Cuál es la primera medida que debe realizar el socorrista en caso de quemadura?

a) Suprimir la causa que produce la quemadura: apagar las llamas, eliminar los ácidos, etc.
b) Mantener los signos vitales.
c) Examinar el cuerpo de la persona accidentada.
d) Aplicar agua en abundancia en la quemadura para enfriarla y reducir el dolor.

6. No es una actuación que deba adoptarse en caso de incendio:

a) Localizar el origen de la incidencia.
b) Clasificar la magnitud del incendio (Conato, Emergencia Parcial o General).
c) Comunicar el hecho al Jefe de Emergencia o de Primera Intervención a su sustituto, facilitándole la mayor cantidad de datos posibles del siniestro.
d) Ante cualquier circunstancia, apagar el fuego con cualquier extintor que se tenga a mano.

7. Los extintores de incendio portátiles:

a) Están concebidos para que puedan ser llevados y utilizados a mano teniendo en condiciones de funcionamiento una masa igual o inferior a 15 kg.
b) Están concebidos para que puedan ser llevados y utilizados a mano teniendo en condiciones de funcionamiento una masa igual o inferior a 20 kg.
c) Están concebidos para que puedan ser llevados y utilizados a mano teniendo en condiciones de funcionamiento una masa igual o inferior a 25 kg.
d) Están concebidos para que puedan ser llevados y utilizados a mano teniendo en condiciones de funcionamiento una masa igual o inferior a 30 kg.

8. ¿Para qué tipo de trabajos se utilizan los mandiles antiperforantes?

a) Trabajos de deshuesado y troceado.
b) Trabajos de soldadura.
c) Manipulación de objetos con aristas cortantes, salvo que se utilicen máquinas con riesgo de que el guante quede atrapado.
d) Manipulación o utilización de productos ácidos y alcalinos.

9. Ineludiblemente, toda persona que pueda verse involucrada en una emergencia:

a) Debe ser avisada con antelación de qué debe hacer y cómo debe hacerlo.
b) La realización de simulacros periódicos no mejora en nada la preparación de los intervinientes en una posible emergencia.
c) Es la única responsable de su propia información y formación sobre emergencias.
d) Debe saber y poder manejar todos los equipos de extinción existentes en el mercado.

10. En materia de protección contra incendios, los EPI son:

a) Los equipos de protección colectiva.
b) Los equipos de primera intervención.

c) Los equipos para intervenir.

d) Los equipos personales imprescindibles.

11. La evacuación consiste en:

a) Acción de traslado planificado de las personas, afectadas por una emergencia, de un lugar a otro provisional seguro.

b) La respuesta a la emergencia, para proteger y socorrer a las personas y los bienes.

c) Máximo número de personas que puede contener un edificio, espacio, establecimiento, recinto, instalación o dependencia, en función de la actividad o uso que en él se desarrolle.

d) Probabilidad de que se produzca un efecto dañino específico en un período de tiempo determinado o en circunstancias determinadas.

12. ¿Qué causa de riesgo se asocia caídas a distinto mismo nivel?

a) Calzado inadecuado.

b) Falta de orden y limpieza.

c) Suelos mojados o resbaladizos.

d) Limpieza de escaleras fijas.

13. ¿Cuál es el peso máximo que se recomienda no sobrepasar (en kg), en condiciones ideales de manipulación?

a) 5 kg.

b) 20 kg.

c) 25 kg.

d) 35 kg.

14. Para la manipulación de cargas en postura sentada (en kg), no deberían manipularse cargas de más de:

a) 1 kg.

b) 5 kg.

c) 10 kg.

d) 15 kg.

15. De los siguientes tipos de extintores, ¿cuál es el más adecuado en caso de un fuego con presencia de tensión eléctrica?

a) Extintor de agua.

b) Extintor de polvo convencional.

c) Extintor de anhídrido carbónico (CO_2).

d) No se puede utilizar ningún extintor en presencia de tensión eléctrica.

16. Cuando tenemos en la cocina un fuego debido a aceite ardiendo, ¿qué agente extintor no se debe utilizar?

a) Agua a chorro.
b) Espuma física.
c) Polvo ABC (polivalente).
d) Polvo BC (convencional).

17. ¿Qué significa en primeros auxilios PAS?

a) Policía, ambulancia, sanidad.
b) Proteger, avisar, socorrer.
c) Prevenir, actuar, solucionar.
d) Ninguna respuesta es correcta.

18. ¿Cuál será la primera acción ante una persona con quemaduras?

a) Suprimir la causa que produce las quemaduras.
b) Mantener las constantes.
c) Aplicar agua.
d) Cubrir la quemadura con apósitos estériles.

19. ¿Qué haría ante una lesión ocular?

a) Limpiar el ojo con agua abundante.
b) Cerrar los parpados.
c) Aplicar colirio.
d) Todas las acciones anteriores son correctas.

20. Ante una víctima con hemorragia externa la primera medida a tomar será:

a) Hacer un torniquete.
b) Elevar el miembro dañado.
c) Hacer una compresión directa de la herida.
d) Lavar la herida.

En MADTEST tienes **más preguntas de este tema** y todos tus avances quedan registrados y se reflejan en el ranking.

¡Supera tus límites con MADTEST!

Solución al test nº 18

1. b) Realizar trabajos con manejo de cargas o posturas forzadas.

2. a) Al uso personal.

3. d) Todas son correctas.

4. b) Las vías respiratorias.

5. a) Suprimir la causa que produce la quemadura: apagar las llamas, eliminar los ácidos, etc..

6. d) Ante cualquier circunstancia, apagar el fuego con cualquier extintor que se tenga a mano.

7. b) Están concebidos para que puedan ser llevados y utilizados a mano teniendo en condiciones de funcionamiento una masa igual o inferior a 20 kg.

8. a) Trabajos de deshuesado y troceado.

9. a) Debe ser avisada con antelación de qué debe hacer y cómo debe hacerlo.

10. b) Los equipos de primera intervención.

11. a) Acción de traslado planificado de las personas, afectadas por una emergencia, de un lugar a otro provisional seguro.

12. d) Limpieza de escaleras fijas.

13. c) 25 kg.

14. b) 5 kg.

15. c) Extintor de anhídrido carbónico (CO_2).

16. a) Agua a chorro.

17. b) Proteger, avisar, socorrer.

18. a) Suprimir la causa que produce las quemaduras.

19. a) Limpiar el ojo con agua abundante.

20. c) Hacer una compresión directa de la herida.

TEST N.º 19

Desperdicios y residuos hosteleros. Tratamiento y eliminación, normas sanitarias de su control y eliminación

1. ¿Qué características tendrán los contenedores de basura?

a) Impermeables.
b) De fácil limpieza.
c) Con tapa de cierre hermético.
d) Todas las respuestas son correctas.

2. ¿Qué requisitos debe cumplir el traslado interno de los residuos?

a) Supondrá un riesgo para el personal.
b) No se trasvasarán residuos de un envase a otro.
c) Los circuitos utilizados no serán de uso exclusivo.
d) Todas las respuestas son correctas.

3. ¿Qué afirmación es correcta sobre los restos de comida?

a) Los depósitos intermedios para residuos no tendrán salida al exterior para evitar el acceso de personas no autorizadas.
b) Los depósitos intermedios serán refrigerados para evitar la proliferación de microorganismos.
c) Los depósitos intermedios no dispondrán de ventilación para evitar la propagación de olores.
d) Todas las afirmaciones anteriores son correctas.

4. ¿Qué se debe hacer con los aceites usados en cocina?

a) Deben recogerse en recipientes metálicos especiales para su posterior incineración.
b) Se tirarán por el desagüe.
c) No son contaminantes, por lo que no requieren ningún tratamiento especial.
d) Se depositan en los vertederos.

5. ¿En qué caso es de aplicación la Ley 7/2022, de 8 de abril, de residuos y suelos contaminados para una economía circular?

a) Suelos contaminados.
b) Residuos radiactivos.
c) Los explosivos desclasificados.
d) Todas las respuestas son correctas.

6. ¿Cuál de los siguientes es un biorresiduo?

a) Residuos biodegradables vegetales.
b) Residuos de industrias en las que se transforman alimentos.
c) Restos de comidas de los servicios de restauración colectiva.
d) Todas las respuestas son correctas.

7. Según la Ley 7/2022, de 8 de abril, de residuos y suelos contaminados para una economía circular, un poseedor de residuos es:

a) Una instalación de almacenamiento en el ámbito de la recogida de una entidad local, donde se recogen de forma separada los residuos domésticos.
b) El productor de residuos u otra persona física o jurídica que esté en posesión de residuos.
c) Cualquier persona física o jurídica que desarrolle, fabrique, procese, trate, llene, venda o importe productos de forma profesional, con independencia de la técnica de venta utilizada en su introducción en el mercado nacional.
d) Persona encargada de desempeñar los cometidos previstos en la ley, que designen, en su ámbito respectivo de competencias.

8. ¿Con qué siglas se nombran a los residuos que, generalmente liberando oxígeno, pueden provocar o facilitar la combustión de otras sustancias?

a) HP 2.
b) HP 7.
c) HP 8.
d) HP 9.

9. ¿Qué ley deroga la Ley 7/2022, de 8 de abril, de residuos y suelos contaminados para una economía circular?

a) La Ley 37/2009, de 17 de enero, de residuos y suelos contaminados.
b) La Ley 33/2010, de 9 de abril, de residuos y suelos contaminados.
c) La Ley 5/2011, de 30 de septiembre, de residuos y suelos contaminados.
d) La Ley 22/2011, de 28 de julio, de residuos y suelos contaminados.

10. La Ley 7/2022, de 8 de abril, de residuos y suelos contaminados para una economía circular, no es aplicable a:

a) Los explosivos desclasificados.
b) Los suelos contaminados.
c) Los productos fabricados con plástico oxodegradable.
d) Los artes de pesca que contienen plásticos.

11. ¿Qué consideración otorga la Ley 7/2022, de 8 de abril, a los animales domésticos muertos y los vehículos abandonados?

a) Residuos industriales.
b) Residuos domésticos.
c) Residuos comerciales.
d) Residuos municipales.

12. ¿Cómo define la Ley 7/2022, de 8 de abril, a cualquier sustancia u objeto que su poseedor deseche o tenga la intención o la obligación de desechar?

a) Resto.
b) Sobrante.
c) Despojo.
d) Residuo.

13. ¿Qué forma tiene el símbolo de reciclaje?

a) Tres flechas giradas para formar un anillo.
b) Una persona tirando algo a un contenedor.
c) Un triángulo con una C en su interior.
d) Un contenedor de basura tachado.

14. ¿Quién debe dar la autorización previa del procedimiento a seguir de eliminación de residuos sanitarios no contemplados en el Decreto 29/1995 de la Comunidad Autónoma de Aragón (modificado por Decreto 52/1998)

a) El Departamento de Medio Ambiente.
b) Gobierno de la Comunidad.
c) Consejería de Salud.
d) Consejería de Industria.

15. ¿Qué residuos requieren generalmente de neutralizantes químicos?

a) Citostáticos.
b) Radiactivo.
c) Infecciosos.
d) Urbanos.

16. ¿Cuál la empresa pública autorizada en manipulación y tratamiento de residuos radiactivos?

a) CSN.
b) ENRESA.
c) CIEMAT.
d) UNSCEAR.

17. ¿A qué grupo pertenecen los residuos humanos como cadáveres, abortos, restos quirúrgicos… que regulados por el Reglamento de Policía Sanitaria Mortuoria (decreto 2263/1974)? Al grupo:

a) V.
b) IV.
c) VI.
d) III.

18. ¿Cómo se denomina la gestión de residuos que se lleva a cabo específicamente en los Centros Sanitarios?

a) Extracentro.
b) Intracentro.
c) Hospitalaria.
d) Extrahospitalaria.

19. ¿A qué tipo de residuo se refiere el Decreto 29/1995, de 21 febrero de la Comunidad Autónoma de Aragón? Residuo…

a) Ganadero.
b) Agrícola.
c) Sanitario.
d) Industrial.

20. Según el Decreto 29/1995, de 21 febrero de residuos sanitarios en la Comunidad Autónoma de Aragón, los residuos incluidos en el Grupo II, residuos sanitarios no específicos, se depositarán en bolsas de color verde, de polietileno, con galga:

a) 150.
b) 25.
c) 69.
d) 225.

En MADTEST tienes **más preguntas de este tema** y todos tus avances quedan registrados y se reflejan en el ranking.

¡Supera tus límites con MADTEST!

Solución al test nº 19

1. d) Todas las respuestas son correctas.

2. b) No se trasvasarán residuos de un envase a otro.

3. b) Los depósitos intermedios serán refrigerados para evitar la proliferación de microorganismos.

4. a) Deben recogerse en recipientes metálicos especiales para su posterior incineración.

5. a) Suelos contaminados.

6. d) Todas las respuestas son correctas.

7. b) El productor de residuos u otra persona física o jurídica que esté en posesión de residuos.

8. a) HP 2.

9. d) La Ley 22/2011, de 28 de julio, de residuos y suelos contaminados.

10. a) Los explosivos desclasificados.

11. b) Residuos domésticos.

12. d) Residuo.

13. a) Tres flechas giradas para formar un anillo.

14. a) El Departamento de Medio Ambiente.

15. a) Citostáticos.

16. b) ENRESA.

17. b) IV.

18. b) Intracentro.

19. c) Sanitario.

20. c) 69.

TEST N.º 20

La limpieza y desinfección: Bandejas, cubertería y vajilla, superficies de cocina, maquinaria y utillaje de cocina. Productos de limpieza y maquinarias utilizadas. Prácticas correctas de higiene

1. ¿Qué propiedades debe tener un detergente?

a) Poder humectante.
b) Poder dispersante.
c) Poder de suspensión.
d) Todas.

2. ¿Qué combinación no es posible en la composición de un detergente?

a) Tensioactivos aniónicos con tensioactivos no iónicos.
b) Tensioactivos catiónicos con tensioactivos anfotéricos.
c) Tensioactivos no iónicos con coadyuvantes.
d) Tensioactivos aniónicos con tensioactivos catiónicos.

3. ¿En qué fase del proceso de limpieza se aplica detergente disuelto en agua, y se deja actuar durante un tiempo, para que se desprenda la capa de suciedad?

a) Lavado.
b) Prelavado.
c) Enjuague.
d) Desinfección.

4. ¿De qué factores depende la frecuencia en la limpieza?

a) Frecuencia de uso.
b) Estado previo de la limpieza.
c) Tipo de alimentos que se manipulen.
d) Todas las respuestas son correctas.

5. ¿Cómo influye el uso de productos eficaces en la limpieza?

a) Aumentando la acción mecánica.
b) Mejorando la acción química.
c) Aumentando el tiempo.
d) Disminuyendo la temperatura.

6. ¿Cuál de estos tensioactivos no tiene carga es solución acuosa?

a) Aniónicos.
b) Catiónicos.
c) No iónicos.
d) Las respuestas a) y b) son correctas.

7. ¿Qué características tiene la lejía como desinfectante?

a) Es corrosiva para algunos metales.
b) Es inestable.
c) Puede liberar gases asfixiantes en contacto con algunos productos.
d) Todas las respuestas son correctas.

8. ¿Qué significan las indicaciones de peligro (H) en la etiqueta de un producto de limpieza?

a) Recomendaciones de uso.
b) Riesgos de seguridad.
c) Consejos específicos.
d) Composición.

9. ¿Cómo se denominan sustancias y preparados que en contacto con tejidos vivos pueden ejercer acción destructora de los mismos?

a) Irritantes.
b) Nocivos.
c) Corrosivos.
d) Inflamables.

10. ¿Qué precauciones debe tomar con los envases de productos de limpieza?

a) Verificar el buen estado de recipientes y envases para evitar fugas.
b) Se mantendrán cerrados mientras no se usen.
c) Elegir recipientes adecuados para utilizar pequeñas cantidades de producto.
d) Las respuestas a) y b) son correctas.

11. Según el reglamento CLP, ¿qué indicaciones llevará la etiqueta?

a) Frases R y S.
b) Consejos de prudencia e indicaciones de peligro.
c) Pictogramas que sustituyen a las antiguas frases R.
d) Todas las respuestas son correctas.

12. ¿Qué tipos de peligro establece el Reglamento CLP?

a) Físicos, para la salud y para el medio ambiente.
b) Físicos, químicos y biológicos.
c) Agudos y crónicos.
d) Leves, graves y muy graves.

13. Un agente tensioactivo puede ser:

a) Iónico (aniónico o catiónico), no iónico o anfótero.
b) Primario, secundario o terciario.
c) Reforzante, aditivo o coadyudante.
d) De alta, media o baja potencia.

14. ¿Cómo se denomina la interrelación de los factores que influyen en la eliminación de la limpieza?

a) Círculo de Grinner.
b) Círculo de Shinn.
c) Círculo de Sinner.
d) Círculo de Havers.

15. La frase "lavar con agua y jabón abundante" es un consejo de prudencia:

a) General.
b) De prevención.
c) De respuesta.
d) De almacenamiento y eliminación.

16. ¿Cuál de los siguientes equipos se limpian con detergente antigrasa?

a) Las marmitas y rustideras fijas.
b) Los fregaderos.
c) Los lavamanos.
d) La b) y la c) son correctas.

17. Se entiende por cuerpo de cocina:

a) A las planchas y quemadores.
b) A los soportes para el menaje y bandejas recoge grasas.
c) Al módulo donde se genera el calor por distintas fuentes.
d) Ninguna de las anteriores.

18. ¿Qué es la plonge?

a) Un lavavajillas.
b) Es el lugar donde se lavan las marmitas, sartenes, cazuelas y elementos móviles del resto de equipamiento.
c) Es la zona de lavado de la vajilla.
d) Es la zona de lavado mecánico.

19. ¿Qué es incorrecto en la limpieza de marmitas y rustideras fijas?

a) Deben quedar, una vez limpios, en perfecto estado para su próxima utilización.
b) No requiere de un secado posterior a su enjuague de limpieza.
c) Deben ser fregados y limpiados cada vez que se han utilizado.
d) Para su limpieza usar agua con detergente antigrasa, y con abundante agua clara para el enjuague.

20. La limpieza y desinfección de los utensilios empleados en la cocina se realizará como mínimo:

a) Antes y después de cada jornada.
b) Después de cada jornada.
c) Cada dos días.
d) Cada tres días.

En MADTEST tienes **más preguntas de este tema** y todos tus avances quedan registrados y se reflejan en el ranking.

¡Supera tus límites con MADTEST!

Solución al test nº 20

1. d) Todas.

2. d) Tensioactivos aniónicos con tensioactivos catiónicos.

3. a) Lavado.

4. d) Todas las respuestas son correctas.

5. b) Mejorando la acción química.

6. c) No iónicos.

7. d) Todas las respuestas son correctas.

8. b) Riesgos de seguridad.

9. c) Corrosivos.

10. d) Las respuestas a) y b) son correctas.

11. b) Consejos de prudencia e indicaciones de peligro.

12. a) Físicos, para la salud y para el medio ambiente.

13. a) Iónico (aniónico o catiónico), no iónico o anfótero.

14. c) Círculo de Sinner.

15. c) De respuesta.

16. a) Las marmitas y rustideras fijas.

17. c) Al módulo donde se genera el calor por distintas fuentes.

18. b) Es el lugar donde se lavan las marmitas, sartenes, cazuelas y elementos móviles del resto de equipamiento.

19. b) No requiere de un secado posterior a su enjuague de limpieza.

20. b) Después de cada jornada.

Cómo acceder al Curso

Pinche
Test del temario

El uso de los códigos **es exclusivo de los compradores de los productos de Editorial MAD**. Cada producto posee un código único y de un solo uso. Es personal e intransferible y da acceso a servicios y contenidos adicionales. Editorial MAD se reserva el derecho de hacer cuantas comprobaciones sean necesarias para identificar al legítimo poseedor del código y dejar de dar servicio a quien haga uso fraudulento del mismo, además de emprender cuantas acciones legales estime oportunas según la legislación vigente.

Deberás acceder a:

mad.es/registro-campus

Si una vez aceptadas las condiciones de uso del Campus decides hacer uso del mismo, necesitarás del siguiente código de acceso junto con los códigos del resto de títulos que se exigen (si fuera el caso):

6L4VZUCY3M